가사상담 길라잡이 2판

-법원 · 이혼상담의 실제-

장창국 강은숙 채수진 이유경 서성민 이숙영 공저

신정

개정판을 내며

《이혼법정이야기》를 출판하면서 가사재판에 관심이 있는 분들이 많다는 것을 알게 되어, 가사상담을 담당하는 분들을 위한 길잡이 책도 만들어 보자고 공동 저자들이 모여 이 책을 펴낸 지 벌써 5년이 넘었습니다. 그동안 가사상담 분야에는 많은 발전이 있었고, 적용 영역도 매우 넓어졌습니다. 이 책을 공동 저술했던 저자들도 계속 각 법원에서 가사상담과 가사조정을 맡으면서 더 많은 경험과 노하우를 축적하게 되었습니다.

공동 저자들은 5년 동안 많은 경험과 노하우를 쌓았음에도 바쁘다는 핑계로 이 책을 개정하지 못해 마음이 무거웠습니다. 그러던 차에 《이혼법정이야기》와 《가사상담 길라잡이》를 개정하면 어떻겠냐는 신정출판사 대표님의 제안을 받고 무거운 짐을 덜어보고자 공동 저자들이 오랜만에 뭉쳐 개정판을 내게 되었습니다.

개정판에는 기존의 서술 방향을 유지하면서 새로운 영역인 미성년후견 분야, 재혼가정 분야, 협의 이혼 상담 분야를 추가하였습니다. 그리고 종전에는 '양육 부모/비양육 부모'로 이분하여 용어를 사용하였지만, 개정판에서는 '주 양육 부모/부양육 부모'로 용어를 바꾸었습니다. 부모가 뜻이 맞지 않아 이혼하더라도 자녀를 함께 양육하는 부모의 역할은 계속하여야 하므로 누구는 양육하는 부모이고 누구는 양육하지 않는 비양육 부모라고 할 수 없기 때문입니다. 단지 이혼으로 가족 모습이 한 가족 한 지붕에서 한 가족 두 지붕으로 변하여 자녀와 주로 지내면서 양육하는 주 양육 부모, 자녀의 생활비(양육비) 지급을 통한 경제적 지원과 면접교섭을 통한 정서적 지원으로 자녀를 함께 양육하는 부양육 부모로 역할만 나뉠 뿐입니다.

이 책을 개정한 후 계속해서 《이혼법정이야기》의 개정 작업을 할 예정입니다. 시간이 다소 걸리겠지만 가정보호, 이혼, 아동보호, 소년보호가 모두 연결되는 것인 만큼 그 내용들을 포함하여 좀 더 쉽게 표현하고자 합니다.

아무쪼록 이 책이 지금도 발전 중인 가사상담 영역에서 조금이라도 도움이 되었으면 하는 마음입니다.

2018. 5.

공동 저자 일동

머리말

이혼 재판과정에서 이루어지는 상담에 관해 그동안의 경험을 바탕으로 가사상담의 새로운 방향을 제시해 보고자 집필했던 《이혼법정이야기》가 출간된 지 어느덧 1년이 되었습니다. 부족한 부분이 많았지만 꾸준한 관심을 보여 주시고 응원해 주신 여러분에게 먼저 감사의 말씀을 드립니다.

이 책은 《이혼법정이야기》가 출간된 뒤 독자들의 의견을 수렴하고 그곳에서 다루지 못한 내용을 중심으로 좀 더 자세한 내용을 보강해 보자는 취지로 발간되었습니다.

따라서 《가사상담 길라잡이》는 상담가를 주 독자로 삼아 내담자들은 어떤 마음으로 상담에 응하는지, 상담가는 내담자를 어떤 자세로 맞아야 하는지, 사건마다 어떤 특징이 있는지, 각 상담회기에는 어떤 목표로 상담을 진행해야 하는지 등을 구체적으로 다루었습니다.

많지 않은 분량이지만 원고를 집필하는 데 많은 분들이 도움을 주셨습니다. 바쁘신 와중에도 가사재판을 담당하는 판사의 입장에서 의견을 말씀해 주신 조원철 부장판사님, 김용찬 판사님, 김정우 판사님, 윤나리 판사님과 가사조사관의 입장에서 의견을 말씀해 주신 최선경 가사조사관님, 김영희 가사조사관님, 김은지 가사조사관님, 황경남 가사조사관님께 감사의 말씀을 올립니다.

이밖에도 이 책을 펴낼 수 있도록 많은 자극과 길잡이 역할을 해준 법원에서 만난 내담자 가족들에게도 감사의 말씀을 드립니다.

아울러 이러한 고민을 풀어 책을 출간하고자 하였을 때 선뜻 출판에 응하여 준 도서출판 신정에도 고마움을 전합니다.

2012년 11월

저자 일동

차례

CHAPTER 03 가사사건별 상담 유의사항

CHAPTER 04 협의 이혼 상담

CHAPTER 05 사례 분석

chapter 01

가사상담

1. 가사상담의 정의
2. 가사상담과 조정의 관계
3. 가사상담과 일반상담의 차이
4. 가사상담의 과제
5. 가사상담 내담자의 특징
6. 가사상담 관계자들의 고민

가사상담 길라잡이

01 가사상담
CHAPTER

1 가사상담의 정의

가사상담은 가사상담위원[1]이 가사재판 중에 이혼과 양육, 면접교섭, 부모교육 등에 관한 판사의 촉탁을 받고 부부와 자녀를 상대로 상담을 통해 건강한 가족의 기능을 유지 혹은 회복시켜 주는 역할을 수행하여 가족 문제를 스스로 원만하게 해결할 수 있도록 도움을 주는, 그래서 이혼 후에도 서로 부모로서 협력하여 함께 자녀를 양육하도록 도움을 주는 과정이다.

2 가사상담과 조정의 관계

법원에서 진행하는 조정과 가사상담의 큰 차이는 조정이 분쟁을 법률적으로 해결하는 데 주안점을 두는 것이라면 가사상담은 심리적

1) 가사상담위원과 별개로 친권자 지정 등 자문위원 제도도 있는데 정신건강의학과 전문의 진단이나 심리검사에 주로 이용된다.

으로 해결하는 데 주안점을 두는 것이다. 보통 조정은 1~2회기 단기로 진행되어 어떤 식으로든 결과를 도출해야 하는 '결과' 중심이지만, 가사상담은 그 이상 회기로 진행되면서 결과를 어떤 과정을 거쳐 도출하였는지를 중시하는 '과정' 중심이기도 하다. 예를 든다면 두 사람이 이혼하고 자녀를 부인이 양육하는 것으로 서로 합의하여 조정 성립되었다면 그 부부의 이혼이라는 법적 분쟁은 조정으로 해결되었다. 그러나 부부가 심리적으로 건강한 이혼을 하였고, 자녀들이 부모의 이혼을 받아들이는지, 부인이 자녀의 복리에 적합한 주 양육자인지, 면접교섭이 실제로 되는지는 모른다. 그 문제를 해결하는 것이 가사상담이다. 가사상담은 법률로는 해결하기 어려운 부부의 심리적 이혼과 자녀 문제를 심리 전문가를 통해 해결하는 절차다. 그래서 조정은 반드시 심리 전문가가 진행할 필요는 없지만 가사상담은 반드시 심리 전문가가 진행하여야 한다. 그러다보니 가사상담에서 재산분할과 위자료를 상담 주제로 삼기에는 한계가 있다. 심리 전문가가 가사상담을 통하여 건강한 이혼과 누가 주 양육자로 적합한지, 면접교섭은 어떤 방식으로 하여야 하는지 등의 조언을 하고 부부가 그 조언을 받아들여 합의하였더라도 판사의 조정 성립 선언이 없으면 그 효과는 발생하지 않고 재판도 종결되지 않는다. 따라서 심리적 이혼과 자녀 문제는 가사상담을 통하여 해결하고, 판사나 조정위원이 그 해결을 바탕으로 조정 성립을 선언하면서 아울러 재산분할과 위자료도 조정하도록 하여 법률적 효과를 부여하는 것이 최상의 모델이다. 즉, 가사상담 결과로 조정이 성립되는 것이므로 조정의 선행 절차가 가사상담이다.

3 가사상담과 일반상담의 차이[2)]

1) 상담 동기

일반상담은 본인이 스스로 도움을 받고자 상담을 요청하나, 가사상담은 재판에서 상담 권고나 명령을 받은 경우이다. 이로 인해 원고와 피고가 상담 초기에 라포 형성이나 구조화된 상담 목표에 동의하기 어려워하는 점이 있으나, 이혼 위기 상황에서의 상담 목표에 대한 이해가 충분히 수용되면 일반상담보다 더 적극적으로 상담에 참여하기도 한다.

2) 상담 회기

일반상담은 상담 회기가 각 상담에 따라 다양하지만, 가사상담은 단기 상담(10회기 이내)이 주를 이룬다.

3) 상담 목표

일반상담은 내담자와 협의하여 상담 목표를 정하나, 가사상담은 재판의 한 과정이기 때문에 어떤 내용이든 결정을 하여야 하므로 법원(판사, 가사조사관)과 협의하여 상담 목표를 정하는데 대부분 상담 목표는 구조화되어 있다. 가사상담은 가사상담 결과로 조정이 이루

---

2) 구체적인 가사상담위원의 역할에 대해서는 《이혼법정이야기》 관련 부분 참조

어지도록 법원과 협의하며 진행해야 한다. 가사상담의 목표로는 부부의 갈등 다루기, 건강하게 이혼하도록 돕기, 자녀의 심리 상태를 확인하고 그것을 토대로 한 부모교육, 자녀를 포함한 가족의 이혼 준비, 주 양육자 협의, 면접교섭 훈련, 양육비 협의 등이다.

구조화된 상담 목표를 가지고 판사와 가사상담위원, 가사조사관, 변호사들이 가족 위기 문제에 대해 객관적이고 합리적으로 협의를 하는 과정에서 때로는 일반상담처럼 개인이 성숙되어 가는 학습과 통찰의 효과를 보이기도 한다.

4) 상담 내용

일반상담은 심리적인 문제 해결이 주 내용에 들어간다. 이에 비해 가사상담은 심리적인 문제 해결과 동시에 부모-자녀의 법적 관계, 재산분할 도움, 이혼 원인 분석, 이혼 준비 및 이혼 이후의 자녀 양육과 부모교육 등 재판의 해결이 주 내용에 들어간다. 따라서 이를 해결하기 위해 부부뿐만 아니라 부부의 부모와 형제도 상담에 참여시키는 경우가 있다.

구체적으로 살펴보면, 부부를 대상으로는 부부의 갈등 과정에 대한 이해, 갈등 해소를 위한 의사소통 돕기, 이혼 결정에 대한 재고, 이혼에 대한 수용을 돕는다. 특히 미성년 자녀를 둔 부부에게는 이혼 과정과 이혼 후 자녀들의 심리를 이해하도록 돕는다. 그리고 이혼을 최종 결정하였다면 자녀들에게도 부모의 이혼에 대해 알리고 자녀 입장에서 바람직한 주 양육자, 면접교섭 방법, 양육비 지급을 협의할 수 있도록 한다.

부부가 이혼하더라도 상대방이 자녀의 아빠, 엄마임을 인정하도록 하고, 부양육자의 주 역할인 경제적 지원(양육비 지급)과 정서적 지원(면접교섭)도 주 양육자의 역할만큼이나 매우 중요함을 강조하여 이혼 후에도 함께 양육하는 파트너가 되도록 돕는다. 상담 중에 자녀와 헤어져 지내는 부모 사이의 면접교섭을 실제로 연습해 보며 이혼 후의 가족 모습과 역할 변화에 적응하도록 돕는 것은 매우 중요하다.

자녀를 대상으로는 부모의 이혼에 대한 자녀의 입장을 부모에게 표현함으로써 가족의 중요한 결정에 참여하도록 돕고, 이혼 전후 과정에서 자녀가 보이는 부적응적인 부분에 대한 치료적 개입, 전학·이사 등 이혼 후 양육 환경 변화에 대한 설명, 면접교섭 연습 등을 통해 이혼 후에도 자녀가 잘 적응하도록 돕는다.

4 가사상담의 과제

1) 상담가는 자녀에게 정서적 문제가 없는지 반드시 확인하여 부모에게 알려주고, 문제가 있다면 외부 기관에서 치료를 받도록 권유한다.
2) 상담가는 가사상담하면서 부모교육(이혼 가정 자녀의 심리적 특징과 부모의 올바른 양육 태도, 공동 양육을 위한 부모의 태도 등)을 병행한다.
3) 가사상담 과정은 곧 이혼 후의 가족 모습을 만드는 과정이므로, 상담가는 이혼 후에 부모 상호간, 부모-자녀 관계가 순기능적으로 작동될 수 있도록 돕는다.

4) 이혼 후에 주 양육자나 면접교섭, 양육비 관련 분쟁이 있을 때 법원에 오기 전에 심리 전문가를 찾아가 자율적으로 해결할 수 있도록 상담에 관한 긍정적인 경험을 심어 준다.

5 가사상담 내담자의 특징

1) 원고(이혼소송을 제기한 사람)

- 이기기 위해 빚을 내서라도 변호사를 선임하려 한다.
  소송을 위한 변호사 비용을 많이 부담한 상태이므로 빨리 판결 받기를 바란다.
- 가사상담에 큰 기대를 하지 않는 경우가 많다. 가사상담을 이혼을 거부하는 상대방을 위한 것으로 여긴다.
- 가사상담을 화합, 재결합, 소 취하를 유도하기 위한 것으로 여겨 강한 거부감을 느낀다.
- 가사상담 과정에서 부부 갈등으로 인한 불편한 마음을 다시 경험할지도 모른다는 생각에 두려워한다.
- 이혼을 준비하면서 부부 관계에 대한 자신의 입장(시각)을 가지고 있다.
- 부부간의 대화가 장기간 단절되어 법원을 통하여 대화하려는 시도로 소송을 제기하는 경우도 있다.

- 재판까지 한다는 자신의 책임에 대해 피고보다 더 심사숙고 한다.
- 자신이 먼저 이혼소송을 제기한 것에 대하여 피고에게 죄책감을 갖는 경우도 있으며 미안해 하기도 한다.
- (알코올, 도박 등 부적응 문제를 이혼 사유로 제시한 경우) 자신이 이길 재판이라 단정 짓고 상담을 빨리 끝내길 원한다.
- 상담이 아닌 판결을 받길 원한다. 이혼 사유가 명확하여 재판에서 이긴다는 확신을 가지고 상담실로 온다.
- 자신은 문제없으며 피고가 변해야 한다고 주장한다.
- 상대방이 변하면 생각해 보겠다고 하는 경우도 있다.

  이 경우는 꼭 이혼할 생각은 없으나 상대방에게 충격을 주기 위해 이혼소송을 제기한 것일 수 있다.

- 상담보다는 재판에서 잘잘못을 가려내려 한다.

  하지만 부부 문제는 쌍방 과실이라고 보아도 무방하다. 잘잘못을 가리지 못한다기보다는 스스로 해결하기 어렵다는 호소다.

- 피고로부터 당했다는 분노 [예: 사랑받지 못했다, 상대방과 자녀 등 가족들로부터 존중(대우)받지 못했다, 거절당했다, 무시당했다, 버림받았다] 가 강하다.
- 이혼으로 자녀가 상처 받지 않을까 걱정을 한다. 그래서 상담가가 자녀를 만나는 것에 반대하지 않기도 한다. 그러나 법원 상담실보다 외부 상담실을 선호한다.

2) 피고(이혼소송을 당한 사람)

- 상대방으로부터 느닷없이 이혼소송을 당한 것에 화를 낸다.

  서로 사이는 좋지 않으나 이혼할 정도는 아니라며 원고의 주장을 인정하려 하지 않는다. 그러나 결국 이혼까지 갈 것이라고 예상은 한다.

- 원고가 이혼 소장에서 혼인 파탄 책임을 일방적으로 자기에게 돌린 것에 대하여 분노한다.
- 먼저 이혼을 요구당한 것에 대한 피해의식이 있다.
- 가사상담을 재결합을 돕는 것으로 이해하는 경우가 있다.

  반대로 가사상담을 이혼 수용을 위한 과정으로 인지하는 경우에는 상담을 강하게 거부하기도 한다.

- 또한 원고의 이혼 사유에 대하여 피고는 명쾌하게 대답하지 않는다. 만약 대답을 하게 되면 인정을 하게 되는 것이고 인정은 곧 이혼으로 연결될 것으로 판단하기 때문이다.
- 무엇이든 원고 탓으로 돌리고 이혼도, 화해도 하지 않으면서 선택을 미룬다.
- 원고가 원해서 어쩔 수 없이 이혼하게 되었다고 생각한다. 즉 자신은 이혼에 대한 책임이 없다고 한다.
- 가사상담을 가족을 지키기 위한 마지막 수단이라고 생각하면서 상담가에게 지나치게 의존하기도 한다.
- 이혼소송까지 결심한 원고의 입장을 이해하기보다는 다른 뒷배경이 있을 것이라고 생각한다 [예: 원고에게 애인이 있어 이혼소

송을 당한 것인데 왜 내가 이혼해 주느냐./처(시)가에서 저 사람을 조종하고 있다].

- 지금 이혼하지만 언젠가는 상대방이 돌아올 것이라고 생각한다. 비현실적인 신념을 가지고 현재의 상황을 인정하기 싫어한다.

  자신이 변하지 않으면 상대방은 절대 돌아오지 않을 것이라는 것도 알지만 무엇을 변화시켜야 할지 왜 변해야 하는지 모른다.

- 원고의 이혼소송으로 자녀가 상처 입었다고 생각하고 자녀 상담에 소극적이다.

- 상담이 끝나면 이혼이 결정되어 버린다고 생각하여 원고보다 조급한 마음으로 상담에 임한다.

3) 사건본인(자녀)

- 상담실에서 오랜만에 만난 부모를 보고도 인사를 하지 않고 멀뚱히 쳐다본다.

  자녀의 이런 행동에 부양육 부모는 주 양육 부모가 시켜서 그렇다고 생각하며 화를 낸다. 하지만 자녀의 속마음은 대부분 오랜만에 만난 부모를 반가워한다. 그러나 부모의 눈치를 보느라 인사하는 것조차 조심스러운 것이니 상담가는 자녀가 자연스럽게 인사를 할 수 있도록 도와주는 것이 좋다.

- 부모와 함께 있을 때는 이야기를 하지 않으려 한다.

  어느 한쪽 부모의 편을 들지 않고 중립을 지키기 위해 애를 쓰는 것이다. 이때에는 자녀를 개별적으로 상담하며 좀 더 기다려야 한다.

- 자녀는 주 양육 부모를 서운하게 할 행동을 하지 않는다.

주 양육 부모는 아이가 착하고 순하다고 말한다. 그러나 착하거나 순한 것이 아니라, 주 양육 부모를 서운하게 하지 않기 위해 하는 행동일 수 있다. 상담가는 아이가 자신이 원하는 것을 말할 수 있도록 도와야 한다.

○ 법원이 무섭다고 한다.

법원이 낯설거나 법원에 대한 선입견 때문일 수도 있다. 한편 자신이 어떻게 행동해야 할지 몰라 불편하다는 표현이기도 하다. 그런 자녀의 마음에 공감을 해 주면 자녀는 법원 상담실을 방문할 동기가 생길 것이다. 자녀가 첫 법원 상담실 방문에서 안심을 하게 되면 법원 상담실에서 상담하는 것을 편안하게 여기고 좋아하게 된다.
부양육 부모에 대한 두려움(부모가 같은 자리에 있게 됨으로써 갈등이 심각했던 과거의 상황이 떠오르거나, 학대받은 경험, 세뇌 등으로 인한) 때문에 법원 상담실에 오고 싶어 하지 않는 경우도 있으며, 반면 오랜만에 헤어졌던 부모와 만나게 된 것을 좋아하기도 한다.

○ 부모에게 '나를 버린 이유'에 대해 묻고 싶어 한다.

하지만 차마 묻지 못하고 스스로 '오히려 나 때문이다.'라고 생각하는 경우도 있다. 이 경우 부모에 대한 분노의 방향을 자기 자신에게 돌리는 위험한 순간일 수 있다. 이때 반드시 "부(모)가 집을 나갈 때 어떤 기분이 들었나?"를 다시 한 번 물어봐 주고 부(모) 때문에 화가 난 감정을 토해 낼 수 있도록 도와주어야 한다.

○ 청소년 자녀들은 부양육 부모를 노려보거나 눈을 마주치지 않거나 하품만 하는 등의 행동으로 불편감을 표현하기도 한다.

○ 청소년 자녀인 경우 상담실에 오는 것을 귀찮아하기도 한다.

느리게 행동하고 느리게 말한다. 상담 중에 핸드폰만 만지작거리기도 하고, 대기실에서 계속 핸드폰으로 게임만 하거나 아예 잠을 자기도 한다. 하지만 기다려야 한다. 청소년 자녀는 부모의 오랜 갈등을 지켜봐 왔던 당사자다. 모든 것을 알고 있다고 생각하고 있는 것이다. 청소년 자녀가 알고 있다고 생각하는 것을 말하도록 하면 가족 역동에 관한 많은 정보를 얻을 수도 있다.

- 갈등이 심한 부모 밑에서 자란 자녀는 자신이 먼저 부모에게 이혼을 권유하는 경우도 있다. 자녀가 해결자로 나서는 것이다.

  이 자녀는 분노와 부담감이 크다. 이런 경우 자녀와 연합하고 있는 한쪽 부모가 자녀에게 지나치게 의존하고 있는 것은 아닌지 확인해 보아야 한다. 한편 부모가 싸우지 않기를 바라거나 조금 더 안정된 환경을 바라는 경우에 부모의 이혼을 동의하기도 한다.

- 부모화된 아이는 또래 관계에서도 해결자로 나서려고 하기 때문에 또래 관계가 어려울 수 있다.

  이때 상담가가 '해결자 입장에서의 힘든 점'을 공감해 주면 자녀는 자신의 어려움을 호소할 것이다. 상담가는 자녀가 같은 연령대의 또래처럼 행동할 수 있도록 배려해야 한다.

- 부모의 갈등 속에서 자신의 속마음을 이야기할 곳이 없어 답답해하였다가 상담을 통해 자신의 의견을 밝힐 수 있어 좋아한다.

  자녀는 부모의 편 가르기와 편견으로 인해 많이 지쳐 있는 상태다. 속 시원하게 자신의 가족 이야기를 할 곳이 없다. 자신의 고민을 안전하게 털어놓을 수 있도록 상담가의 배려가 중요하다.

- 법원에서 만난 상담가들이 자신의 부모 문제를 해결해 줄 것이라고 기대한다. 그래서 상담가의 말과 행동을 주의 깊게 관찰하기도 한다.

  상담가는 자신이 한쪽 부모 편을 든다는 느낌을 자녀에게 주지 않도록 말과 행동을 각별히 주의해야 한다.

- 부모들은 자녀들도 이혼을 받아들이고 잘 적응하고 있으며 심리적으로도 아무 문제가 없다고 착각하기도 한다.

6 가사상담 관계자들의 고민 (애로 사항, 심사숙고, 어려움 등)

1) 판사

- 부부가 매 재판 때마다 같은 말을 반복하며 비난만 하는 모습을 보면 짜증이 나기도 한다.
- 서로 상대방의 잘못으로 파경에 이르렀다고 주장하면서 한 치의 물러남도 없이 팽팽히 맞서는 당사자들을 보면 상담 과정에서도 그러한 대립으로 시간을 소모하는 것은 아닐지 우려된다.
- 상대방 말에 화부터 내어 재판 진행을 할 수가 없다.
- 판사가 자신의 편을 들어주지 않는다고 판사를 공격하거나 판사에게 자신의 부정적인 마음을 그대로 드러내어 당황스러운 경우도 있다.
- 자녀의 상황에는 관심도 없이 양육비를 못 준다거나 아이를 보여 주지 않겠다거나 아이를 보지 않겠다고 하는 원고와 피고를 만나면 자녀의 마음이 느껴져 괴롭기도 하다.
- 양육 문제를 금전과 결부시켜 위자료와 재산분할금 또는 양육비를 좀 더 많이 주면 아이를 키우겠다며 자녀를 협상 수단으로 삼는 부모들이 있다. 물론 양육에 필요한 경제적 능력도 중요하지만 자녀의 의견이나 심리는 생각하지 않고 양육 문제를 경제적인 능력 문제로만 생각한다는 것이 안타까울 때가 있다.

- 자신들끼리 양육 문제를 합의하였다고 재판을 끝내달라고 요청하는 경우, 그 합의에 자녀의 의사가 반영되었는지 의문일 때가 많다.
- 양육과 면접교섭 협의에 자녀는 전혀 관여시키지 않고 부모끼리 합의했다고 상담이나 재판을 종결하면, 자녀는 법원이나 상담위원에 대하여 어떤 마음을 가질지 걱정이 되기도 한다.
- 심리적으로 안정되지 못한 부모를 보면 자녀가 걱정된다. 더구나 부모 모두 주 양육자로 적합하지 못할 때는 더욱 그렇다.
- 정신적인 결함 혹은 성격적인 결함이 아주 크다고 의심되거나 갈등이 심각한 부부를 보면 그들이 상담을 통해 과연 변할 수 있을지 의문이 든다.
- 상담 과정에서 분노를 줄이고 대화법을 배워 모든 가족이 상처를 덜 받는 쪽으로 재판을 종결하였으면 하는 마음이 간절하다.
- 상담 과정에서는 당사자들이 제법 마음을 열어 무언가 바뀔 것 같다가도 상담이 종결된 후의 재판에서는 종전과 다를 바 없는 모습을 보여 안타까운 마음이 들 때가 있다.
- 상담위원이 부부만 상담하고는 재결합 가능성이 없다며 이혼 후의 자녀 문제나 면접교섭 훈련 등의 문제는 다루지 않은 채 상담을 종결하면 재판을 처음부터 다시 해야 하므로 가족에게 미안한 마음이 든다.
- 중독자 가족을 상담 보낸 경우, 상담위원이 이혼시키는 데만 급급하여 중독자의 배우자와 자녀의 심리적 문제는 전혀 다루

지 않고 상담을 종결하면 안타까운 마음이 든다.

- 상담위원들은 부부가 재결합하여야 성공한 상담이라고 생각하지만, 판사들은 그렇게 생각하지 않는 경우가 많다. 이렇듯 판사들과 상담위원들 간의 가사상담 목표에 대한 견해가 다를 때가 있다.
- 상담위원마다 전문 분야가 다르고 개인적인 특성이 있기 때문에 어느 상담위원에게 맡기는 것이 부부나 자녀에게 가장 도움이 될지 고민한다. 또한 상담위원을 결정할 때 당사자와 상담위원의 나이까지도 고려해야 하는지 고민하게 된다.
- 상담위원에게 분쟁의 조정까지 요청하는 것이 가사상담제도의 목적이나 취지에 반하는 것은 아닌지 고민스러울 때가 있다.
- 상담에 협조적인 내담자와 비협조적인 내담자를 어떤 식으로 판결에 반영하여야 할지, 한다면 얼마를 반영하여야 할지 고민한다.
- 상담 결과 보고서에 기록된 당사자들의 내밀한 이야기들을 재판 자료로 삼아도 되는지 고민일 때가 많다.
- 판사도 한 번쯤 직접 심층적인 상담을 받아보는 것이 상담 제도나 그 필요성을 잘 이해하고 활용하는 데 필요하다는 생각이 든다.
- 상담을 권유하면 상담은 의미가 없다고 거부하는 당사자들이 있다. 그들에게 상담의 효율성과 필요성을 강조하여 상담을 받도록 설득하는 데 어려움이 있다.

2) 가사조사관

(1) 이럴 때 가사상담을 보낸다

- 단순히 재결합을 위한 상담보다는 주로 감정 완화에 큰 목적을 둔다. 특히 자녀 양육 분쟁이 심한 경우 부모교육 및 자녀에 대한 심리 치료, 면접교섭 등에 목적을 두고 상담을 보낸다.
- 부부 갈등의 원인에 대하여 서로 다른 의견일 경우 그 원인 및 실체를 심층적으로 파악할 필요가 있을 때 부부 상담을 보낸다.
- 부부 갈등의 정도가 크지 않아 상담을 통해 해소될 가능성이 있을 경우에 상담을 보낸다.
- 부부의 감정이 지나치게 격앙되어 있을 경우 부정적인 감정을 완화하여 객관적으로 문제를 해결할 수 있는 시각을 갖도록 하기 위해 상담을 보낸다.
- 원고는 이혼 의사가 강한데 피고가 그것을 받아들이지 못할 경우 피고에게 이혼을 수용할 수 있는 시간을 주거나 문제 해결을 위한 최선의 사고 과정을 거치도록 하기 위해 상담을 보낸다.
- 자녀와의 관계 개선(자녀가 한쪽 부모에게 너무 밀착되어 있거나 한쪽 부모의 감정이 자녀에게 전이되어 다른 쪽 부모와의 관계가 좋지 못할 경우 등), 자녀 양육에 누가 적합한지 및 친권・양육권・면접교섭 등에 관한 경험과 협의를 하도록 하기 위하여 상담을 보낸다.

- 섣부른 이혼이 가져다주는 결과에 대해 당사자들이 인식하지 못할 때, 혼인 기간이 짧은 상태에서 급박하게 헤어지거나 결혼·임신·출산·육아로 인한 힘든 과정이 지나치게 단기간에 이루어졌을 때, 결혼 생활을 천천히 살펴보고 본인의 스트레스를 상대방에게 투영하였거나 상대방에 대한 원망이 과도하지 않은지 살펴보도록 하기 위해 상담을 보낸다.
- 당사자 쌍방 중 피고가 강력히 재결합 의사를 밝히고 이에 원고가 흔들리는 경우 부부 상담을 보낸다.
- 당사자 중 일방이라도 자녀의 심리 상태가 불안하다고 호소하거나, 당사자 쌍방 사이에 면접교섭 이행이 어려울 것으로 판단될 때 상담을 보낸다.
- 부부 갈등의 원인이 의사소통의 부재나 부적절한 대처 방식에 있을 때, 혹은 갈등에 대해서 다른 해결 시도를 해 보지 않은 경우 부부 상담을 통해 해결하도록 돕는다.
- 당사자들의 부정적 감정이 강하고 판결 이후에도 부작용이 심각하게 예상될 때 서로에 대한 감정을 정리하고 평화롭게 갈등을 해결하여 이별을 받아들일 수 있도록 돕기 위한 상담을 의뢰하기도 한다.
- 미성년자녀가 있고, 자녀에 대한 양육 준비가 되어 있지 않을 때 부모교육 및 이혼 이후에도 부모로서의 역할을 유지할 수 있도록 돕기 위해 상담을 의뢰한다.

(2) 가사상담위원에게 사건을 배정하는 기준은 이러하다

- 부부 상담인지 자녀 상담까지 진행해야 하는 것인지, 자신들과 가까운 거주지에서 상담을 진행하고 싶어 하는지 등을 고려하여 적절한 상담위원을 선정한다.
- 상담위원과 상담 센터, 당사자의 특성을 고려하여 사건을 배당한다.
- 사건이나 상담위원의 특성을 크게 고려하지 않고 분야별로 순차적으로 상담을 의뢰하기도 한다.
- 부모교육이나 자녀 문제 해결이 의뢰 목적인 경우에는 아동 상담 전문가에게, 부부간의 갈등이나 의사소통 문제가 주가 되는 경우에는 부부 상담 및 가족 상담 전문가에게 사건을 배정하기도 한다.
- 주요 갈등 부분과 당사자들의 연령을 고려하되 여성이 부부간 성 생활의 문제를 호소하는 경우에는 여성 상담위원에게 사건을 배정한다. 당사자의 연령이 높은 당사자들은 상담위원의 연령도 고려하여 배정한다.

(3) 이것을 가사상담을 통해 해결하고 싶다

- 부부간의 부정적인 감정은 소송 과정에서도, 소송 이후에도 악영향을 미치며 결국 당사자들과 그 자녀를 불행하게 한다. 따라서 상담을 통해 감정을 완화하고 자신을 바라보며, 합리적으로 스스로의 문제를 해결할 수 있도록 돕는 것이 상담의 가장

중요한 목표라고 할 수 있다.

- 상담을 통한 당사자들의 감정 완화와 긴장 해소, 그리고 당사자들이 본인에 대한 인식 혹은 주위 환경의 통찰력을 회복할 수 있도록 하여 그것을 기반으로 재결합이나 이혼 여부를 심사숙고하여 결정하도록 한다. 그래서 이혼을 하기로 결정하였다면 자녀 문제, 이혼 이후 생활의 적응에 대한 것, 생활이 곤궁한 경우 도움을 받을 수 있는 기관을 안내하도록 해야 한다.
- 부부 상담에서는 당사자 사이에 원활한 의사소통이 될 수 있도록 의사소통 기술을 배우고, 성격 검사 등을 통해 자신과 상대방에 대한 통찰도 가능하길 바란다. 자녀 상담에서는 자녀의 심리 상태를 점검한 후 당사자 쌍방의 양육 태도에 대한 교육이나, 이혼 후 면접교섭을 위한 준비 작업이 이루어지길 바란다.
- 재결합만을 강요하지 않는다. 서로 의사소통의 장을 마련하여 상대방의 감정을 이해하고 평화로운 이별을 맞이할 수 있도록 돕고, 이후 자녀를 위해서 좋은 부모로 남고 협력적인 관계를 유지할 수 있기를 바란다.

(4) 이래서 가사상담은 반드시 필요하다

- 상담을 경험한 사람들은 조정을 받아들이는 경향이 있다. 따라서 적절한 상담은 필요하다. 다만 어떤 상황일 때 상담을 받느냐도 중요한데 소송 초기에 상담을 받는 경우가 더욱 효과적이다.

- 여러 갈등 상황을 가사 조사 과정이나 재판 절차를 통해 해결하기엔 현실적인 어려움이 있기 때문에 가사상담은 꼭 필요하다.
- 분쟁의 핵심이 위자료나 재산분할이 아닐 때에는 대부분 상담이 필요하고, 특히 양육권이나 면접교섭 분쟁이 핵심일 때는 자녀 상담과 부모교육은 반드시 거쳐야 하는 과정이다.
- 우리나라에서는 상담 문화가 일반화되지 못하여 이혼소송을 제기할 때까지 상담을 받아보지 못한 부부가 많다. 이들에게 법원에서 문제를 해결하고 다시 가정을 회복할 수 있는 기회를 주는 것이 바람직하다. 특히 자신들의 문제에 갇혀 자녀의 상처를 보지 못하고 있는 부모라면 더욱 더 상담을 통해 자신과 자녀들의 상황을 돌아보고 자신뿐만 아니라 자녀들의 상황도 고려한 최선의 선택을 할 수 있도록 도와야 할 것이다.

(5) 가사조사관과 가사상담위원의 역할은 다르다

- 상담이 필요한 사례를 선정하고 당사자에게 상담을 동기화시키며 상담이 잘 진행되도록 하는 역할을 조사관이 한다. 그렇지 않은 경우보다 상담의 예후가 좋기 때문이다.
- 가사조사관은 재판에 필요한 사실 조사, 상담 기관 연결 업무나 당사자들에게 의무 이행 권고도 하는 등 주로 법률적인 영역을 맡는다. 그러나 상담위원은 심리적 접근을 통해 당사자들의 감정 해소나 가정을 보존하기 위한 다양한 방법을 알려주며 원만한 이혼 과정이 되도록 조력하는 특정한 영역의 업무를 담

당한다.

- 그렇기 때문에 가사조사관이 조사와 상담을 병행하기에는 한계가 있다.

3) 가사상담위원

- 원고, 피고와 조율해서 상담 일정을 잡는 과정에서 서로 자신의 일정만 고집하는 경우가 많아 어려움을 느낀다.
  그리고 상담위원을 점검하는 듯한 태도(예: 결혼을 했는지, 상담 경험이 많은지, 소장을 꼼꼼히 읽어보았는지 등)를 보일 때 당혹감을 느낀다.
- 상담위원을 만나자마자 상대방이나 법원에 대한 분노를 표현하기도 하여 당혹감을 느낀다.
- 상담을 시작하자마자 빨리 끝내 달라며 재촉할 때 어려움을 느낀다.
- 상담위원이 자신의 편을 들어주지 않는다고 화를 낼 때 당혹스럽다.
- 상담 시간에 술을 먹고 와서 하소연을 할 때 상담에 어려움을 느낀다.
- 자신이 이혼을 당하게 되면 죽어버리겠다거나 상담위원에게 위해를 가할 것이라는 협박을 받을 때 두려움을 느낀다.
- 부부가 상담 중에 갑자기 서로 욕을 하거나 몸싸움을 할 때, 혹

은 자녀를 흥정의 도구로 여겨 자신의 편으로 만들려고 하거나, 수차례 면접교섭에 대한 중요성 등 자녀 입장에서 부모의 이혼에 대해 설명하였음에도 서로를 향한 비난을 하는 부모를 볼 때 안타까움을 느낀다.

- 내담자가 법률 상담을 요구할 때 곤란함을 겪는다.
- 상담에 불성실하게 참여하거나 아예 오지 않을 때 어려움을 겪는다.
- 소신껏 도움을 주는 상담을 했음에도 불구하고 민원 제기가 들어올 때에는 허탈함을 느낀다.
- 오랜만에 부양육 부모와 만나 반가워하는 자녀를 보면 보람을 느낀다.
- 익숙하지 않은 법률용어와 재판 절차는 마음의 걸림돌이 되기도 한다. 그래서 상담을 보낸 판사나 가사조사관에게 사건에 대해 의논을 하고 싶은 경우도 많다.

chapter 02

가사상담 과정

1. 상담 준비 과정
2. 상담 초기
3. 상담 중기
4. 상담 종결
5. 보고서

가사상담 길라잡이

02 가사상담 과정

CHAPTER

1 상담 준비 과정

1) 상담가의 마음가짐

- 상담가의 역할 이해

상담가는 이혼 사유를 판단하는 것이 아니다. 상담가의 역할은 이혼 과정이 한 개인의 삶, 부부와 부모의 삶, 자녀의 삶을 살아가는 데 좀 더 행복하고 싶은 마음에서 비롯된 것임을 공감하고, 이혼 위기 상황에서 최대한 서로 마음의 손상을 최소화할 수 있는 바람직한 대처를 하도록 돕는 것이다.

- '부부가 이혼을 꼭 해야 하는가?'에 대한 판단보다 '부부 사이에 무슨 일이 있었는지'에 더 집중하는 태도가 내담자와 라포 형성에 아주 중요하다.

의사소통이 안 되거나 화가 난 부부의 가장 절실한 소망은 자신의 입장을 말하고 싶다는 것이다. 그러므로 상담가는 진심으로 경청하여야 하며 그 경청의 결과로 부부가 말한 내용의 모순된 부분을 다시 질문할 수 있어야 한다. 이러한 과정에서 부부는 바람직한 의사소통을 체험하게 된다.

- 상담가는 부부가 서로 다른 이야기를 할 때 전지적 관점을 취하기보다 마음의 진실을 찾으려고 노력해야 한다.
- 원고와 피고의 핵심 감정을 이해한다. 핵심 감정은 왜곡된 지각과 인지를 파악할 수 있게 하며 내담자의 입장에서 충분히 공감할 수 있게 한다. 부부의 왜곡 자체에 집중하기보다는 부부 각자에게 왜곡의 결과로 어떤 이득이 있는지에 집중하면 원고와 피고의 마음을 이해하는 데 한층 도움이 된다.
- 유책 사유나 일반적인 판단 기준에 따라 부부의 결혼 생활을 판단하지 않는다. 판단은 상담에 대한 거부감으로 직결된다. 판단보다는 상담가가 상담 과정에서 느낀 점을 자연스럽게 묘사하며 내담자의 특징을 설명하는 것이 바람직하다.
- 내담자가 관심 있게 말하는 주 호소에 집중한다. 이는 내담자가 자신의 현재 상황을 '어떻게', '어느 정도' 이해하고 있는지 파악하는 데 도움이 된다.
- 내담자가 이혼에 대해 어떤 준비를 하였는지 확인한다. 이혼에 대한 준비 상태에 따라 상담의 목표가 달라질 수 있다.
- 내담자가 이혼 전후의 변화에 대해 어떻게 대처하고 있는지 확인한다. 주관적인 대처 방안 수준에서 상담을 통해 객관적이고 효율적인 대처 방안을 마련할 수 있다.
- 이혼으로 생길 변화에 대해 생각하고 있지는 않는지, 갈등에 빠져 있지는 않는지, 변화에 대해 생각은 하고 있지만 본격적인 실행은 어려워하고 있는 것은 아닌지 확인한다. 겉으로는

이혼을 수용하고 받아들이는 것 같으나 의외로 아무런 준비 없이 '어떻게든 되겠지!'라고 생각하고 있는 경우도 있다. 이 경우 부부 각자의 개별적인 선택일 수도 있으나, 자녀 입장에서는 이혼 후 큰 어려움을 겪을 수 있다.

- 상담 종결 후에는 재판 절차가 남아 있다는 것을 유의한다. 따라서 가사상담 과정을 통해 협의할 사안들이 있음을 미리 언급하고 이에 대해 다룬다. 상담을 통해 해결이 되지 않은 경우에는 상담 이후 조정을 통해서라도 부부 스스로 갈등을 해결할 수 있도록 상담가는 내담자의 분노 수준 등을 낮추는 등 스스로 조정할 수 있도록 돕는다. 조정 내용이 완전히 자기 마음에 들지 않더라도 조정하고 이를 받아들이게 되는 과정 자체가 한 개인에게는 성숙한 경험이 될 것이다. 상담 중에 협의되지 않았다고 실망하지 말고 이후 조정 절차에서 문제를 해결하도록 돕는 것이 바람직하다.

핵심 질문하기

- 참고 참아온 이혼을 결심한 결정적 이유가 무엇인가요?
- 갈등 과정에서 가장 기억에 남는 사건은 무엇인가요?
- 그 당시 당신이 가장 원했던 것은 무엇인가요?
- 상대방은 무엇을 원했을지 추측해 볼 수 있을까요?
- 최근 벌어진 일에 대해 설명해 보시겠어요?
- 이혼을 위해 어떤 준비를 하셨습니까?
- 아이는 지금 두 분의 상황에 대해 어떻게 알고 있을까요?
- 이혼 후 자녀 양육 계획은 준비하셨나요?

2) 상담 준비 사항

◉ 촉탁 사항 확인하기

상담 의뢰서를 꼼꼼히 읽는다. 서면 내용으로 부족한 부분은 상담을 의뢰한 판사, 가사조사관에게 질문하여 정확하게 이해하여야 한다. 상담위원 전용 인터넷 카페를 개설하여 판사, 가사조사관, 상담위원이 소통할 수 있는 공간을 마련하는 것도 도움이 된다.

◉ 상담 날짜 확인하기

첫 상담 날짜는 판사, 가사조사관과 상담위원이 미리 약속해 둔 시간과 내담자의 상황을 고려하여 정하게 된다. 상담을 의뢰받은 즉시 당사자에게 전화하여 연락을 오래 기다리지 않도록 하고, 첫 상담 날짜는 변경하지 않고 지키는 것이 상호 신뢰 관계 형성에 좋다.

◉ 사건 유형 파악하기

이혼 사건인지, 미성년자녀가 있는지, 이혼 후의 사건인지, 재혼가정 사건인지 등을 통해 대략적인 사례 배경과 상담 방향, 상담 동기 등을 파악할 수 있다.

◉ 누가 상담에 참여할 것인가?

상담에 참여하는 사람이 당사자가 맞는지 주민등록증을 직접 확인하기도 한다. 그러나 원고와 피고가 아닌 사람도 참여하는 경우가 있다. 면접교섭 사건의 경우 현재 실제 양육자(할머니, 할아버지, 이모, 계부, 계모 등)가 소송 당사자는 아니지만, 실제 상담 대상자가 될 수 있다. 이때는 면접교섭을 돕는 실제 양육자에 대한 배려와 상담이 필요하다(예: 친모와 계모의 양육 협력을 위한 상담 등).

◉ 상담 일시, 장소에 대한 안내

상담 날짜를 잡을 때, 원고와 피고가 서로 자신이 편한 시간을 정하기 위해 공평하게 두 사람의 입장을 반영해 달라고 요구하는 경우가 많다. 법원에서 모든 행정이나 절차를 똑같이 해 달라고 민원을 제기하는 경우도 많다. 그러나 이러한 요청은 두 사람의 싸움이므로 상담가는 그 싸움에 말려들어서는 안 된다. 밀고 당기기를 팽팽하게 하는 부부는 매번 상담일에 참여하기는 하나 정작 상담을 시작하기도 어려운 경우가 많다. 그런 경우 각자 개별 상담을 먼저 하는 것도 좋은 방법이다. 각자의 특징에 대해 상담가가 파악한 후 나중에 함께 부부 대면 상담을 진행하면, 밀고 당기는 팽팽한 싸움에 대해 해석해 주고 객관적인 입장에서 중재하여 부부가 서로에 대한 소통의 물꼬를 트게 할 수 있다. 그리고 가사상담의 물리적인 환경도 중요한데, 당사자들의 특성에 따라 법원 상담실 또는 법원 외 상담실에서 상담이 진행될 수 있도록 상담실이 갖추어져 있는 것이 훨씬 상담 효과를 높인다.

상담 회기 안내

내담자들이 상담을 1회기로 알고 오는 경우가 많다. 길게 예상한다고 하더라도 3~4회기 정도다. 자녀를 데려오는 것도 1회 정도로 예상한다. 혹은 판사나 가사조사관이 미리 상담 회기 수가 10회기 정도이고 상담가가 요청할 때마다 자녀를 상담실로 데리고 와야 한다는 것을 안내하였음에도 처음 듣는 것처럼 행동할 수 있다. 그렇기 때문에 상담 회기 수가 8~10회기 전후임을 꼭 안내해야 한다. 회기수가 내담자의 생각보다 길다고 생각한다면 상담에 대한 내담자의 인식이 무엇인지 확인해 볼 필요가 있다.

근래 법원에서는 가사상담을 촉탁하며 당사자들에게 상담의 목적과 취지·회기 등 안내서를 만들어 놓고 상담 전 제시하기도 한다.

재판부에서 상담에 대한 오리엔테이션을 어떻게 해 주느냐에 따라 초기 상담의 라포 형성에 많은 영향을 미친다.

상담 시간 준수 안내

변호사까지 선임하여 소송을 준비한 내담자들은 할 이야기가 많다. 또한 상담가를 판단하는 사람으로 잘못 인식하고 자신의 입장을 대변하기 위해 많은 준비를 해 오기도 한다. 상담 시간을 초과해서까지 말을 하려고 하며 상담이 끝났는데도 문 밖에서 상담가를 기다리기도 한다. 그러나 더 할 이야기가 있으면 다음 시간에 다루겠다고 하고 상담 시간을 준수하도록 안내해야 한다.

◎ 상담 동의서 작성

상담 과정의 녹음, 녹화 등에 대한 동의를 얻는다.

◎ 자녀의 상담 참여 안내

부부는 보통 자녀를 참고인 정도로 이해하고 한두 번 상담에 참여하면 된다고 생각한다. 그러나 자녀도 사건본인으로서 재판 절차에 참여할 권리가 있음을 안내하고 자녀의 일정에 맞추어 상담 날짜를 정하도록 한다.

◎ 가사상담의 목표 및 취지에 대한 안내

내담자들이 가장 의아해하는 것은 재판을 받으러 왔는데 왜 상담을 받아야 하느냐는 것이다. 상담가는 가사상담이 가사재판 과정임과 가사상담의 목적을 안내하여 상담에 대한 이해를 돕는다.
재판부에서 아무리 가사상담에 대한 취지를 알리고 상담가가 여러 차례 상담에 대한 안내를 하는데도 불구하고 상담에 거부적인 경우에는 재판부와 긴밀한 소통을 통해 다른 경로(예: 가사조사, 조정 등)를 알아보는 것도 필요하다. 간혹 고 갈등 가족의 경우 아무리 좋은 제도임을 알리고 도움을 주려 해도 갈등 속에 함몰되어 받아들이지 못하는 경우 결국 상담가만 에너지 소모로 소진이 되는 경우가 발생한다. 상담 자원은 한정되어 있으므로 이 경우 재판에 다시 회부하고 상담이 필요한 다른 많은 가족들을 위한 긍정적인 에너지 발산으로 전환하는 것이 필요하다.

◎ 기타 행동 관찰

약속 시간 준수 여부, 옷차림, 얼굴 표정, 법원에 친구나 지인을 데리고 오는지, 상담가에 대한 태도, 소지품 등을 관찰한다.

3) 상담 진행 과정

단계	부부 대상	자녀 대상
상담 준비	날짜, 소요 시간, 장소, 참여자, 동의서 작성, 상담 목표 안내	
초기	- 결혼 배경 탐색 - 원 가족 탐색(가계도 활용) - 이혼 결심 동기 파악 - 갈등 구조 파악 - 자녀 돌봄 상태 파악	- 부모와 자녀 간 상호작용 수준 파악 - 자녀의 심리 상태, 적응 수준 파악
중기	- 부부 갈등에 개입하여 소통을 시도하기 - 양육 환경 협의 - 부모교육 - 부부 캠프 독려	- 부모 · 자녀 관계 다루기(양육의 민감성 촉진, 부모 · 자녀 애착 관계 개선) - 현재의 주 양육자와 자녀 관계 개선 - 현재의 부양육자와 자녀 관계 개선 - 자녀의 분리 불안 다루기 - 부모의 이혼에 대한 자녀의 왜곡된 지각 다루기 - 자녀의 건강한 자아상 세우기 - 면접교섭 훈련 - 부양육자 캠프 참여 독려 - 아동 캠프 참여 독려
종결	- 재결합 준비 - 이혼 준비 - 양육 협의서 작성	- 부모와 자녀 관계 강화 · 유지를 위한 가족 규칙 정하기 - 부모의 이혼에 대한 이해 높이기 - 보다 나은 주 양육자에 관한 의견 제시 또는 평가 - 자녀와 함께 양육 · 면접교섭에 관한 협의서 작성 - 자녀의 멘토 연결 지원

2 상담 초기

- 초기 상담은 부부의 이혼 사유와 갈등 유형을 제대로 이해하고, 상담의 목표 및 진행 방식에 대해 합의를 이루는 것, 촉진적인 상담 관계를 형성하는 과정에 해당된다.
- 특히 첫 회기 때 파악되는 이혼에 대한 부부의 태도, 상담의 자발성 여부, 부부의 심리 정서 상태, 자녀의 양육 상태·심리 상태 등은 향후 상담의 방향과 목표 설정에 중요한 요인이 된다.

1) 부부 대상

- 결혼을 결심하게 된 이유나 배경에 대해 탐색한다.

  원치 않는 임신이나 혼기에 찬 나이로 인해 떠밀려서 준비 없이 서둘러 결혼을 하게 된 것은 아닌지 질문한다.

- 원고의 이혼 결심에 대한 동기는 이혼 소장에 적힌 내용과 판이하게 다를 수 있다.

  상담 촉탁 사항은 원고와 피고가 낸 소장과 답변서(이 서류들은 변호사나 법무사 등 제3자에 의해 각색될 수 있다)를 중심으로 작성된 것일 수도 있으므로, 실제 부부를 만나면 이혼 결심에 대한 동기가 다를 수도 있다는 것을 염두에 두어야 한다.

- 이혼소송 중임에도 부부는 이혼에 대해 여전히 고민 중이다.

  이혼을 하려는 이유와 하지 않으려 하는 이유를 충분히 들어 보도록 한다.

- 원고가 상담에도 참여하지 않고 이혼을 원하지 않는 경우도 있다.

  이러한 경우 이혼 의사를 재확인해 볼 필요가 있다. 충동적인 결정을 하고 난 후 고민하는 것일 수도 있기 때문이다.

- 피고는 가사상담을 재결합을 돕는 것으로 이해하고 처음에는 상담에 성실히 참여한다. 하지만 이혼 사유와 부부 갈등의 유형을 다루기 시작하면 상담을 거부하기도 한다. 자신의 잘못을 인정한다는 것은 곧 이혼을 인정하는 것이라고 생각하고 대화를 거부한다. 상담가는 피고에게 대화를 거부하기보다 적극적으로 원고를 설득하라고 조언을 한다.
- 초기 상담 때 이혼 사유에 대한 설명을 잘 메모해 둔다. 상담 중기에서 상담이 더 깊이 진행되면 이혼 사유에 대한 해석이 달라질 수도 있기 때문이다.
- 심리 평가(HTP, KFD, SCT, MIM 등)를 활용하는 것이 도움이 된다.
- 원고는 자신의 주장이 맞다는 확신에 차 있다. 그 주장을 준비하는 데 시간이 많이 걸렸고 변호사도 선임한 상태다. 상담가는 맞고 틀리고를 판단하려 해서는 안 되고 원고가 그렇게 생각할 수밖에 없는 심리 구조를 이해하려고 노력한다.
- 답변 자료를 한 아름 준비해 오는 내담자도 있다. 자신의 주장에 대한 비언어적인 강력한 호소로 이해하는 유연성을 발휘하도록 한다.
- 가사상담 시간을 서로 소통하는 시간이 아닌 자신의 주장을 변

론하는 시간으로 이해하고 긴장하기도 한다. 가사상담 과정과 내용에 대해 충분히 안내하여 내담자들의 긴장감을 완화하도록 돕는다.

- 비자발적인 내담자에게 가사상담의 필요성을 알려 주면 훨씬 더 안심한다. 가사상담에 대한 이해가 부족하여 비자발적일 수도 있다.
- 갈등 해결을 도울 수 있는 주변의 원조자를 파악한다.
- 어려서의 기억을 자유 연상을 통해 떠올려 보는 시간을 갖는다(생애 첫 기억 질문: 당신에게 지금 떠오르는 가장 어린 시절의 기억은 무엇인가요?).

  내담자가 세상을 보는 관점, 근본적인 욕구, 갈등 원인, 반복되는 대응 방식을 점검할 수 있다.

- 별거를 오래 했다면 별거 직전 상황에 집중하는 것도 방법이다.

  부부의 갈등 구조를 이해하는 데 도움이 된다.

- 가계도에서 원 가족 관계를 파악하면 지금, 여기에서의 행동 패턴을 이해할 수 있다.
- 다양한 가족 평가 도구를 사용하면 가족의 역동을 이해하는 데 효과적이다.
- 이혼 준비에서 자원 탐색(예: 현재 누구와 거주하고 있는지, 누구와 의논하는지, 이 상황을 누가 알고 있는지)은 매우 중요하다.
- 무조건 분리 상담을 요구할 경우 일단 분리하여 상담하되 일

정한 시기가 되면 부부나 가족 모두 한자리에서 상담을 진행한다.

- 상담가에게 "본인 일이라면 이럴 때 가만히 있겠어요?"라며 분노에 찬 목소리로 동조를 구하는 경우가 있다. 상담가는 이럴 때 당황하지 말고 내담자의 감정을 읽어 주도록 한다.
- 상담가가 자신의 편을 들어주지 않으면 공격하기도 한다. 이때에도 상담가는 평정심을 유지하고 내담자의 감정을 충분히 읽어 준다. 아마도 이런 식의 공격은 혼인 생활에서 상대방과 자녀에게도 행해졌을 것이다. 내담자의 울음, 웃음, 공격, 무관심 등은 모두 중요한 단서를 제공한다. 그럼에도 계속 공격할 때에는 상담을 잠시 중지한다.

2) 자녀 대상

- 오랫동안 부모 갈등에 노출된 자녀는 심리적으로 많이 지쳐 있다.
- 부모는 자신조차 힘든 상태이기 때문에 자녀를 돌보는 데 소홀하기 쉽다. 그래서 부모 상담이 어느 정도 진행된 후에 부모와 자녀 상담을 진행하는 것이 더 수월할 경우도 있다.
- 부모는 자녀에게 물어보라는 말을 자주 한다. 자녀를 자신의 편으로 세뇌시켜 오기도 한다. 그러나 상담가는 자녀를 개입시켜서는 안 된다.
- 양육 환경이 좋아도 양육 의지가 부족한 경우가 있고, 양육 의

지가 좋아도 양육 환경이 좋지 않은 경우가 있다. 양육 평가표를 활용하는 것도 방법이다(《이혼법정이야기》 부록 참조).

- 부모-자녀의 친밀도를 파악한다.

 상담 목표와 건강한 이혼 준비 단계 설정에 중요하다.

- 면접교섭에 대한 의지와 현재 면접교섭 여부, 면접교섭 방법, 양육비 지급 여부 등을 구체적으로 확인한다.

 부모-자녀와의 상호작용이 원활하지 않은 경우에는 자녀와 어떻게 놀아주고 어떻게 대화해야 하는지 등에 대한 면접교섭 훈련이 필요하다. 면접교섭을 부부의 힘겨루기 싸움으로 이용하는 경우도 있다. 양육비가 적절히 지급되지 않는 경우 면접교섭을 거부하기도 한다. 하지만 면접교섭은 자녀와의 약속이므로 상담가는 면접교섭이 규칙적이고 안정되게 진행될 수 있도록 도와야 한다. 원활한 면접교섭은 자발적 양육비 지급을 촉진한다.

- 부모와 자녀 상담, 부부 상담이 잘 이루어지지 않는다면, 우선 양육 상황, 면접교섭 진행 여부, 양육비 지급 여부를 확인하고 양육비 지급과 면접교섭을 이행하도록 권유하여 하나씩 신뢰를 쌓아가도록 한다. 서로를 신뢰하기 어려운 상황에서는 상담도 진행하기 어렵다.

- 자녀들의 행동을 주의 깊게 관찰한다. 1회기에 낯선 법원이나 상담실을 방문할 때 나타나는 자녀의 행동은 자녀를 이해하는 데 많은 정보를 제공한다.

- 자녀와 직접적으로 이야기하기보다는 놀이를 통한 평가와 접근이 효율적일 수 있다.

 자녀의 연령 및 현재 자녀가 보이는 심리적인 특징에 따른 접근이 필요하다. 상담가와 상호작용하는 방식은 곧 부모와 상호작용하는 방식이기도 하다(부모-자녀 간의 상호작용 수준 이해, 자녀 상담 개입 단계 설정).

- 자녀가 부모의 눈치를 보며 이야기하지 않으려고 할 경우 자녀와 개별 상담을 하는 것이 좋다.

  하지만 자녀에게 아무런 설명도 없이 강제적으로 부모와 자녀를 분리시켜 상담하는 것은 적당하지 않다. 자녀에게도 자녀의 연령에 맞추어 현재 상황에 대한 설명이 필요하다. 자녀는 상담가와 놀이 등을 통해 라포를 형성하고 안전하다고 느끼면 자신의 깊은 속마음을 이야기하게 된다.

- 자녀에게는 부모의 이혼 이야기가 누구에게도 말할 수 없는 고민이다. 상담가가 충분히 자녀의 힘든 심정을 공감해 주는 것만으로도 자녀들은 활기를 되찾아간다.
- 떨어져 지내는 부양육 부모와의 만남을 거부하는 자녀도 있다. 그때 상담가는 자녀가 부양육 부모에게 화가 나 있고, 서운해하며 서러워하는 그 감정을 읽어 주어야 한다. 그렇지 않고 상담 초기부터 적극적으로 자녀에게 부양육 부모와의 만남을 권유하면 자녀는 오히려 더욱 도망갈 수 있다. 자녀가 부모에게 다가가도록 하기보다는, 부모가 적극적으로 자녀에게 다가가 스킨십을 하고 대화를 요청하여 심리적인 거리감을 좁힐 수 있도록 권유해야 한다.
- 청소년 자녀는 가족 상담을 통해 부부와 자녀가 같이 대화하는 시간을 갖도록 하는 것이 좋다.
- 청소년 자녀는 부모로부터 민감한 돌봄을 받기보다는 스스로 해야 하는 일이 많다. 부모와 함께 있는 시간도 적다. 자칫 부

모의 이혼이 나와 상관없는 일이 되기도 한다. 상담을 통해 충분한 대화와 애정을 확인할 수 있는 시간을 갖도록 도와준다.

- 연령이 같더라도 동생이 많은 장남(녀), 외동 자녀, 재혼가정의 자녀인지에 따라 그 자녀가 호소하는 불편감이 다를 수 있다는 것을 염두에 두고 상담을 진행한다.

가사상담 초기 이것만은 꼭 살피자!

- 당사자들에게 빨리 연락을 취해 재판과 상담이 바로 이어지도록 하는 것이 상담의 효과를 높인다.
- 당사자들과 상담가 간의 라포 형성이 빠르게 될수록 상담 효과가 높으므로 상담 초기에 명확하고 친절한 오리엔테이션을 통해 상담 방향을 잘 안내한다.
- 면접교섭이 단절되었다면 초기에 면접교섭이 이루어질 수 있도록 한다. 면접교섭으로 인한 갈등이 심한 경우 우선 상담실에서 면접교섭 연습을 하고 서서히 상담실 밖에서 자율적으로 면접교섭 하도록 실제 진행을 도와야 한다.
- 상담에서 가족의 문제를 완벽하게 해결하고자 하는 마음에서 벗어나야 한다. 필요한 경우 가사조사, 정신건강의학과의 심리 평가 및 약물 치료 권유 등도 충분히 고려한다.
- 각 가정의 현안에 따라 가족 전체가 바로 상담에 한꺼번에 참여할 수도 있고 각자 개별로 참여할 수도 있다. 상담가의 역량을 발휘하여 초기 상담을 잘 구조화하는 것이 매우 중요하다.
- 상담 초기부터 자녀를 만나 자녀의 정서 상태를 확인하여 부모에게 알리고 부모가 할 수 있는 것이 무엇인지 함께 고민해 보자며 부부의 상담 동기를 고취시킨다.

3 상담 중기

상담 초기에 설정된 상담 목표와 사례에 대한 이해를 바탕으로 본격적으로 부부 문제의 해결을 시도하는 단계이다. 부부가 상대방이 아닌 자신을 돌아보고 자신이 갈등 과정에서 어떤 역할을 했으며 자신이 원하는 게 무엇이고 배우자가 원하는 게 무엇이었는지를 스스로 탐색하는 과정이다. 상담가는 내담자의 탐색을 촉진하는 역할을 한다. 이러한 과정을 거치고 나면 진정 내가 이혼을 원하는 것인지 소통을 원하는 것인지를 구분하는 데 도움이 되고, 이혼을 하더라도 부모・자녀 관계에서의 소통과 돌봄의 중요성을 자연스럽게 익히게 된다.

1) 부부 대상

- 부부는 의사소통이나 부부간의 문제 해결에 대한 실패 경험을 반복하여 왔다. 서로 친밀감을 나누며 힘이 되어야 할 배우자가 자신에게 상처를 주고 소외시켰다고 생각한다. 상담가는 어떤 이유에서든 이러한 부부 각자의 소외감을 공감해 주고 힘든 입장을 있는 그대로 수용해 준다.
- 상담가가 자신을 판단하지 않고 공감하고 이해해 준다고 생각하면 상처받은 자신을 방어하는 긴장된 태도가 완화되어 상담에 적극적으로 임하게 된다.
- 긴장감이 완화되고 상담가에게 안전감을 느끼면 자신의 감정을

표현하게 된다. 그때 충분히 내담자의 핵심 감정을 탐색하고 그 핵심 감정을 내담자가 인식할 수 있도록 돕는다.

- 핵심 감정은 부부 생활뿐만 아니라 어린 시절 원 가족과의 관계에서도 확인할 수 있다. 상담가는 부부가 어린 시절의 기억들을 떠올리며 당시 느꼈던 감정을 재경험할 수 있도록 돕는다. 현재 자신이 배우자에게 느끼는 감정과 갈등에 대한 이해도 깊어질 것이다.
- 이러한 자기 탐색의 과정은 자신이 원하는 것이 무엇이었는지를 명료하게 한다. 또한 자신에 대한 통찰은 배우자의 성장 과정, 행동 습관, 배우자에 대한 기대를 이해하는 통찰로 이어지면서 서로가 서로에게 무엇을 원했던 것인지 알게 된다.
- 상대방 탓으로 돌렸던 갈등의 원인 속에 자신의 잘못도 있음을 인정하면서부터 부부 갈등의 수위는 내려간다. 이때 상담가는 부부의 자원과 강점에 대해서도 돌아볼 수 있도록 돕는다.
- 각자 개별 상담을 통해 자기 탐색을 한 후 부부 대면 상담을 하게 되면 부부가 서로의 장단점에 대해서 인정하게 된다. 좀 더 깊이 탐색이 잘된 부부는 자신의 잘못을 표현하고 용서를 구함으로써 이혼 재판으로 시작된 상담 시간이 화해의 시간이 되는 의외의 성과를 얻기도 한다.
- 부부가 성공적인 의사소통을 배우고 체험하여 부부 갈등을 스스로 이해하고 자신의 잘못된 소통 방법에 대해 통찰하게 되면 부부 갈등에 대해서도 스스로 재해석하게 된다.

- 부부가 자신을 탐색하고 내면의 변화를 인지했더라도 이러한 변화를 어떻게 다루어야 할지 잘 모르는 경우가 많다. 상담가의 역할은 이러한 내적인 변화와 외부에 대한 미숙한 대처에 대해 공감하고 직면시키며 해석해 주면서 내담자의 변화를 촉진하게 한다.
- 부부 갈등이 심해 분노감을 조절하기 어려울 때는 자기탐색 과정을 시도하기 어렵다. 분노감을 먼저 다루어 주어야 한다.
- 분노를 표현하는 방법으로 역할극, 사이코드라마도 효과적이다. 때로는 부부가 서로 상담가가 있는 자리에서 실컷 하고 싶은 이야기를 하도록 한다. 서로의 분노를 표현하고 나면 자신이 배우자에게 왜 화가 났는지 명료해진다. 많은 경우 억지이기도 하고 배우자가 해주지 못한 것에 대한 원망임을 알게 된다. 이러한 사실을 인정하게 되면 서로를 받아들이고 수용하게 되는 과정이 따라온다. 상담가는 분노 표현이 결국 '수용과 인정'의 바로 전 단계임을 숙지해야 할 것이다. 그래서 분노를 잘 다루는 것이 상담의 중요한 성공 요인이다.
- 자기 탐색이 어렵거나 상담이 진전되지 않을 경우 심층 심리평가(MMPI, SCT, MBTI, RORSCHACH 등)를 통해서 내담자의 자기 이해를 돕기도 한다.
- 결혼을 결정하게 된 동기가 곧 이혼의 동기가 되기도 한다. 결혼을 선택하게 된 이유를 질문한다[예: 남편(부인)이 제 말을 잘 듣기도 하고 착해서 결혼했어요. 그런데 언제부턴가 남편(부인)이

거짓말을 해요. 착한 게 아니라 답답한 사람이었더라고요. 아예 거짓말까지 해요.].

- “별 생각 없이 어떻게 하다 보니까 결혼하게 되었어요.”라고 대답한다면 자신의 감정을 인정하지 않고 부인하는 습관이 있거나 잘 인식하지 못하는 사람일 수 있다. 이러한 습관이 부부 갈등의 요인이 되기도 한다. 내담자가 감정을 어떻게 다루어 왔는지를 질문을 통해 점검하는 시간을 가지는 것이 좋다(예: 외롭고 힘들 땐 어떻게 푸세요?).
- “집에서 도망치고 싶어서 결혼했어요.”라고 한다면 현재도 문제에 직면하기보다는 도망가고 싶어 하는 것일 수 있다. 이 내담자의 생활 패턴에서 타인과 적절히 상호작용하고 있는지에 대한 구체적인 내용을 질문한다(예: 평소 친구들과 갈등이 생기면 어떻게 대처하나요?).
- 뻔한 거짓말을 계속 늘어놓는 내담자도 있다. 그 거짓말은 몇 회기 지나지 않아 거짓말끼리 충돌한다. 이런 내담자는 자아 기능이 약한 사람이므로 여유를 가지고 기다리는 것이 좋다.
- 별거 기간이 오래된 부부도 있다. 법적으로 이혼은 하지 않았으나 심리적으로 많은 거리감을 형성하고 있다. 부부 상담을 화가 나서 하지 않으려 하기보다는 이제는 멀고 낯설어서 불편해하는 것일 수도 있다. 별거를 결정하기 직전의 상황에 집중하면서 화제를 끌어나가는 것이 효과적이다.
- 법적으로 아직 이혼을 하지 않았는데도 연인이 생기는 경우도

있다. 이러한 경우는 상담에 집중하기가 상당히 어렵다. 상담에 출석하는 것 자체를 꺼려하는 경우도 많다. 양육이나 면접교섭 의지도 희박할 수 있다.

- 할아버지와 할머니, 가족, 친구 등 동반자를 데려오는 경우가 있다. 그래도 분리해서 내담자와 상담을 하고, 내담자가 요청한다면 짧은 시간이라도 동반자와 이야기를 나누어 보도록 한다. 그러면 동반자의 이야기를 들어주길 원하는 내담자의 욕구가 거부되지 않아 상담가와의 라포 형성이 돈독하게 되며, 그 동반자가 갈등 해결의 원조자일 수도 있다. 또한 동반자가 내담자의 갈등 상황을 바라보는 시각을 알 수 있다.
- 상담가는 부부가 지금까지 서로 어떻게 의사소통했는지를 확인하게 한다(예: 부인의 표정이 심각하여 남편이 부인에게 무슨 일이냐고 물었을 때 부인은 화를 내는 대신 오히려 미소를 띠며 '괜찮다'고 대답하고, 남편은 그런 것인 줄 알고 넘어간다. 하지만 부인은 애써 참으며 대답한 것이다. 이러한 패턴을 부인도 남편도 서로 몰랐을 경우 이 부부는 소통하기 어려웠을 것이다. －부부의 역기능적인 의사소통 확인하기).
- 원활한 의사소통에 대한 반복적인 훈련이 필요하다(비난하지 않기, 말 자르지 않기, 경청하기, 상대방이 힘든 것 알아주기, 공감하기). 내담자는 상담가가 자신과 대화하는 것을 보면서 효과적인 의사소통 방법을 익힌다.
- 변호사와 이야기하라며 입을 다무는 내담자도 있다. 이 내담자

는 현재 상담에 대한 동기가 부족한 사람이다. 그때에는 재판 해결 방법은 변호사가 아닌 내담자 스스로 찾아야 하고 변호사는 내담자의 뜻에 따라 사건을 진행할 뿐이라는 것과 사건 해결 방법을 찾아가는 것이 가사상담이라고 그 취지를 설명한다. 그렇지 않고 피하기만 하면 상대방의 항소, 상소 등을 통해 재판 기간이 길어질 수 있다는 정보도 제공한다.

- 당사자들이 상담에 출석하지 않을 경우 조사관, 판사에게 연락하여 출석을 독려하여 달라고 부탁한다. 그럼에도 출석하지 않는 경우, 상담을 중지하는 것보다 참여를 원하는 쪽만 상담을 진행하면서 그 내담자의 욕구를 충족시켜 주는 것이 바람직하다.

2) 자녀 대상

- 자녀는 부모가 갈등할 때, 부모가 싸울 때, 부모가 이혼할 때 항상 옆에 있었고, 부모가 이혼한 후에도 양쪽의 부모와 만나야 한다. 이것은 어린 자녀들이 감당하기에는 힘든 과업들이다. 상담가는 자녀의 힘든 심정을 충분히 공감해 준다.
- 부모는 갈등이 심하면 심할수록 서로 고립되었다고 느낄 수 있다. 이러한 고립은 자녀들에 대한 스킨십의 부족, 양육의 민감성 결여로 나타난다. 자녀에 대한 양육의 민감성이 회복될 수 있도록 도와야 한다.
- 상담 초기에 파악한 자녀의 심리 상태를 부모에게 알리고 부모 교육을 실시한다. 자녀 문제는 부부에게 상담 동기를 제공하기

도 한다.

- 가족 공동 작업을 통해 자녀가 가족 간의 역동을 어떻게 이해하고 있는지를 직접 확인하게 하는 것이 좋다. 부모가 자녀의 마음을 공감하는 데 도움이 되기 때문이다.
- 자녀는 부모가 헤어지면 자신은 어떻게 되는지에 대해 궁금해한다. 이혼 후 부모와의 면접교섭에 대해 확인시켜 준다.
- 자녀는 자신이 어떤 부모와 살게 될지 이미 눈치를 채고 있다. 자신과 살지 않게 될 부모에 대해 죄책감을 가진다. 부양육 부모와 대화할 수 있는 시간을 갖게 한다.
- 양호한 양육 환경과 양육 의지가 분명한 부모라 하더라도 혼자 자녀를 양육한다는 것은 상당한 부담이 된다. 주 양육 부모와 자녀가 원활하게 상호작용하는지 확인한다.
- 자녀는 어릴수록 부모 모두와 함께 놀고, 같이 밥을 먹고 생활하고 싶어 한다. 상담 시간에 가족들이 함께 놀이를 하면서 즐거운 시간을 보내고 상담 후 함께 식사도 하도록 상담가가 자녀들 앞에서 부모에게 확인시켜 준다. 향후 면접교섭에 대한 상담가와 부모의 약속이 자녀들을 안심시킨다.
- 자녀는 이혼이 '부양육 부모와 헤어지는 것'이라고 생각할 수 있는데 면접교섭 훈련은 '부양육 부모와 만날 수 있는 증거'이다. 면접교섭에 대해 자녀와 구체적으로 상의하고 잘할 수 있도록 면접교섭을 훈련하는 것은 부모와 상담가, 더 나아가 법원이 자녀에게 부모와의 관계가 지속된다는 약속을 확인하는

과정이다.

- 이혼 과정에서 자녀를 도울 수 있는 최고의 전문가는 결국 부모다. 이 점을 부모에게 숙지시켜야 한다. 이는 부모가 전문가처럼 아동 심리 이론들을 꿰고 있어야 한다는 것이 아니다. 부모가 자신의 복잡한 감정을 다스리고 자녀를 먼저 고려할 수 있는 것이야말로 부모 역할의 전문가다운 모습이다.
- 상담가는 주 양육 부모에게는 이혼 과정 중 자녀의 심리 상태에 대해 설명해 주고 부양육 부모와 자녀가 면접교섭할 때 어떠한 마음가짐을 가져야 하는지, 실제적으로 어떻게 행동하면 자녀가 안정된 모습을 보일 수 있는지에 대한 정보를 제공해 준다.
- 상담가는 부양육 부모에게는 자녀가 면접교섭 시에 보이는 심리적인 상태와 그에 따른 다양한 태도에 대비할 수 있도록 설명하고, 안정적인 면접교섭 시간이 자녀의 성장에 미치는 긍정적인 영향에 대해 교육·상담한다.
- 자녀의 문제 행동은 곧 부모에 대한 자녀의 주호소다. 비언어적인 표현을 이해하고 공감하기 위하여 놀이나 미술·음악 치료 등 매체를 활용하는 방법이 효과적이다.
- 상담가는 자녀, 부모와 함께 모래놀이, 미술 활동, 이야기 꾸미기 등을 통한 비언어적 행위를 하면서 자녀가 부모의 이혼으로 인해 버림받았다거나 중요하지 않은 존재라고 여기는 감정에서 벗어나도록 도움을 준다.

- 상담가는 가족들 개개인이 감정을 서로 정직하게 표현하는 방법을 익히며 부모-자녀 간 마음을 여는 기회를 제공하도록 한다. 영유아 자녀인 경우 신체놀이, 게임 등 애착증진 활동을 하면서 가족이 함께 하는 시간을 갖도록 한다. 초등학교 이상 자녀가 있는 경우 그림 그리기, 모래상자 놀이하기, 게임하기, 이야기 만들기 등의 활동을 함께 한다.
- 상담가는 자녀에게 부모의 이혼에 대해 바로 알 수 있도록 안내한다.
- 상담가는 자녀에게 스트레스 대처 방법에 대해 습득할 수 있도록 안내한다.
- 상담가는 자녀에게 이혼 전후에 혼란스러운 문제 상황이 발생하면 그에 대처할 수 있는 방안을 습득할 수 있도록 안내한다.
- 자기표현이 가능한 자녀의 경우 상담가는 자녀와 면접교섭 후의 느낌에 대해 이야기하고, 면접교섭 시 불편하고 어려운 점에 대하여 부모와 함께 대안을 찾도록 한다.
- 면접교섭 시 부양육 부모와 무슨 이야기를 했는지 주 양육 부모가 자녀에게 캐묻는 경우가 있다. 자녀의 입장에서 그러한 질문은 대답을 하는 것도 하지 않는 것도 모두 불편하다. 상담가는 자녀가 면접교섭을 할 때마다 양쪽 부모에게 죄책감을 갖지 않도록 부모에게 자녀의 자율성 보장에 관한 교육·상담을 한다.
- 자녀가 부모의 이혼을 받아들이는지 관찰한다.

가사상담 중기 이것만은 꼭 살피자!

- 헤어져 지내는 부모와 자녀의 실제 면접교섭을 상담실 내와 상담실 밖에서 해 본 뒤 피드백 시간을 갖는다. 면접교섭은 한두 번의 연습으로 원활하게 이루어지지 않는다. 여러 차례 시행착오를 통해 자녀, 자녀와 함께 사는 부모, 헤어져 지내는 부모로부터 피드백을 받고 더 적절한 면접교섭이 이루어지도록 코칭을 하는 시간이 필요하다. 이후 현실적으로 실현 가능한 면접교섭이 이루어지도록 돕는다.
- 양육 협의가 이루어지도록 한다. 이를 위해 가장 효과적인 방법 중 하나는 부모가 서로 좋은 부모로서의 강점을 찾고 이를 서로 인정하도록 돕는 것이다. 또한 양육 계획서를 각자 작성하도록 하여 자신이 주 양육할 경우와 상대방이 주 양육할 경우의 장점과 약점을 살피도록 한다.
- 부모가 이혼을 결정하였다면 직접 자녀에게 이혼과 주 양육자, 면접교섭 계획을 알리도록 한다. 이 과정을 상담가가 함께 하는 것도 좋다. 이 과정을 거치면서 자녀는 부모의 이혼을 받아들이고 그 이혼이 자기 탓이 아니며, 부양육 부모로부터 버림받지 않았다는 것을 알게 되어 자괴감이나 피해의식을 겪지 않게 된다.
- 지속적인 면접교섭의 유지는 자녀의 정서적 안정에 필수적 요소다. 그러므로 면접교섭을 잘 진행하도록 주·부양육 부모가 노력하는 것은 곧 자녀의 이혼 적응을 돕는 최고의 수단이 되는 것임을 부모에게 알려야 한다.
- 면접교섭을 거부하는 쪽은 주 양육자로 부적합하다. 면접교섭 방해는 자녀에게 정서적 문제를 유발시킬 수 있는 직접적인 원인으로 정서적 아동학대가 될 수 있다.

4 상담 종결

중기 단계에서 경험했던 자기 탐색과 부부 관계의 통찰을 바탕으로 이혼 또는 재결합에 대해서 현실적인 결론을 내리는 과정이다. 상담가는 재결합 또는 이혼에 필요한 준비를 돕는다.

1) 부부 대상

- 이혼의 대차대조표 작성하기
- 건강한 이혼에 대한 준비
- 이혼 여부에 관한 협의하기

  부부가 이혼 또는 양육 협의서를 스스로 작성하고 서명하면서 다시 한 번 생각을 하게 되고, 자신이 한 약속을 지키려는 의지를 강화시킨다. 그 협의서는 급하게 작성하지 않고 충분히 생각한 후 작성하도록 한다. 한 번 작성하면 번복할 수 없다는 것을 주지시킨다.

- 부부는 이혼 협의를 하면서도 재결합을 고민하기도 한다. 이혼이 과거 결혼 생활을 정리하고자 한 것이라면 재결합에는 미래의 결혼 생활에 대한 확신이 필요하다. 부부 관계, 의사소통 등의 구체적인 방법을 제시하고 훈련해 보는 것이 서로에 대한 믿음을 구체화하는 작업이 될 것이다.
- 원고가 소 취하를 하는 것은 쉬운 일이 아니다. 이혼 시 이혼으로 감수해야 하는 책임이 있다면 소 취하 역시도 자신이 소 취하를 함으로 인해 감당해야 할 책임이 있을 것이다. 소 취하로

인한 부담감을 부부와 상담가가 함께 나누면서 공감해 준다. 만약 소 취하를 결심하였다면 취하서 제출을 확인한 후 상담을 종결한다. 실제 소 취하를 하지 않는 경우도 있기 때문이다.

2) 자녀 대상

- 상담가는 자녀가 부모의 이혼으로 인한 감정을 안전하게 검토하고 명료화시킬 수 있도록 한다.
- 상담가는 자녀가 부모의 갈등으로부터 분리되어 일상적인 일과로 복귀할 수 있도록 돕는다.
- 상담가는 자녀가 '부모가 재결합하지 않고 이혼의 결과가 지속되어 따로 살 수도 있음'을 설명해야 한다.
- 상담가는 자녀가 부모의 재결합의 대한 환상에서 벗어나 부모의 이혼 현실을 받아들이도록 돕는다.
- 양육 · 면접교섭 등에 관한 협의를 하는 과정에 자녀를 참여시켜 자녀의 의사를 반영한다.
- 자녀가 부모의 이혼을 받아들이는지 관찰하여야 한다. 받아들이지 못할 경우 이혼 결정을 보류하고 추가 상담을 통하여 기다리도록 한다.
- 가능한 자녀의 양육 환경이 바뀌지 않도록 자녀를 배려한다(예: 이사, 전학 등).
- 부모가 이혼을 결정했다면 그 사실을 자녀에게 알리고 이혼 후

의 생활 변화에 대해 안내하도록 하여 자녀가 부모의 이혼에 대하여 마음의 준비를 할 수 있도록 돕는다.

- 재결합을 결정했다면 재결합을 자녀에게 알리고, 자녀와 향후 가족생활에 대해 이야기를 나눌 수 있도록 가족 상담을 한다.
- 자녀에게 멘토를 연결할 수 있도록 지원한다.
- 양육 분쟁이 있는 가족의 경우, 주 양육자 선정과 관련된 상담가의 의견을 부모에게 알린다.
- 면접교섭 실천에 대해서 재차 확인한다.
- 면접교섭 훈련을 강화한다(외부에서 직접 실행해 본 후 상담가와 함께 실제 상황에 대한 의견을 나누며 정기적으로 정착될 수 있도록 하는 다각도의 방안 마련하기).
- 면접교섭의 세밀한 부분까지도 함께 논의 후 자발적으로 정하도록 돕는다(명절, 휴가, 자녀 및 부모 생일, 가족의 특별한 기념일, 위급한 사항이 일어났을 때의 자녀 보호에 대비하기).
- 예기치 못한 변화가 일어날 수 있음을 미리 안내한다(어린 자녀가 성장하여 사춘기 청소년이 되었을 때의 변화, 이사, 부모 직장의 변화, 재혼 등).
- 자녀가 성장함에 따라 주 양육자 등 자녀 양육 계획도 변화·수정될 수 있음을 미리 알려 준다. 사실 이러한 부분 때문에 자녀 양육 계획은 정기적으로 재검토되어야 하는 것이 바람직하다.

- 자녀가 각 부모와 있을 때의 일상적인 의사결정은 자녀와 함께 있는 주 양육 부모가 개별적으로 결정해도 큰 무리가 없지만, 기타 교육 · 의료 · 종교 · 해외 유학 문제에 대해서는 주 양육 · 부양육 부모가 함께 의사결정을 하는 것이 이혼 후에 소송(예: 주 양육자 변경 소송 등)을 예방하는 지름길이 된다는 것을 알려줄 필요가 있다.
- 세밀한 부분까지 검토하여 자녀 양육 계획에 대해 서로 결정하였다면 이것을 직접 실천하는 과정에서 그 계획을 자주 변경하는 것은 자녀를 혼란스럽게 할 수 있으므로 엄격하게 따르는 것이 바람직함을 안내한다(예: 주 양육자나 면접교섭의 잦은 변경).

가사상담 종결 이것만은 꼭 살피자!

- 양육 협의가 되었다면 양육 협의서를 부모가 직접 작성하도록 한다.
- 추후 연장 상담, 정신건강의학과 전문의의 도움이 필요한 경우 가능한 기관에 대해 안내하고, 재판부에도 알려 재판부가 관리 감독할 수 있도록 한다.
- 상담 10회기를 마칠 때까지 이혼, 주 양육자, 면접교섭 문제를 해결하지 못할 경우 재판부와 협의하여 유료 상담으로 전환도 검토한다.

3) 임시 양육 평가

- 상담 종결까지 양육 분쟁이 지속될 경우와 서로 양육을 미룰 경우 지금까지의 양육 상황을 바꾸어 함께 살지 않는 부모가 3주 정도 자녀를 실제 양육하고 반대로 함께 살던 부모는 면접교섭을 하도록 한다. 이때 상담가는 매주 부모, 자녀를 만나 자녀가 어느 쪽을 편안해 하는지 살핀다. 이 평가 전에 반드시 미리 자녀에게 3주 정도 함께 살 부모가 임시로 바뀐다는 사실을 알려야 한다. 그렇지 않으면 갑작스런 양육 환경 변화에 자녀가 당황할 수 있다. 단, 분리 불안을 겪는 영유아나 한쪽 부모와 애착이 형성되지 않은 경우에는 이 평가를 사용하기 어렵다.

5 보고서

법원에 비치된 보고서 양식에 맞추어 작성한 후 판사나 가사조사관에게 직접 또는 이메일로 보낸다(《이혼법정이야기》 부록 참조).

chapter 03

가사사건별 상담 유의사항

1. 이혼소송 중인 사건
   (‘드단’, ‘드합’ 사건)
2. 이혼 후의 사건
   (‘느단’, ‘느합’, ‘즈기’ 사건)

가사상담 길라잡이

03 가사사건별 상담 유의사항

CHAPTER

1 이혼소송 중인 사건('드단', '드합' 사건)

1) 이혼[3]

사건번호에 어떤 부호가 들어가는지를 보면 대략 사건 유형을 미리 파악할 수 있다. 사건번호 20**드단0000호처럼 사건번호에 '드단', '드합'이 들어가면 이혼소송 중인 사건이다. 사건번호에 '느단', '느합'이 들어가면 이혼 후의 사건(친권자와 양육자 변경, 면접교섭 변경, 양육비 변경, 성본 변경, 친양자 사건 등)이다. 사건번호에 '호'가 들어가면 협의 이혼 사건이다. 사건번호에 '즈기'가 들어가면 이혼한 후에 상대방에게 판결에 정한 대로 양육비나 면접교섭 등을 이행하라고 청구하는 이행명령 사건이다.

사건번호에 '너'가 들어가면 조정 사건이다.

3) 《이혼법정이야기》 관련 부분 참조

(1) 이혼에 동의하나 갈등이 심한 부부

- 진심으로 이혼을 원하는지 물어본다. 만약 이혼이 된다면 어떤 바람이 충족되는지에 대해서도 물어본다. 그러면서 서로의 '이혼 동의' 속에 같은 마음이 숨겨져 있음을 차츰 인식하도록 한다. 이 작업을 하다 보면 조금씩 부부의 갈등 수위가 낮아지게 된다.
- 말로만 이혼을 주장하는지, 실제적으로 분리(이혼) 준비가 되었는지 확인한다.
- 이혼 후에 닥칠 변화에 대한 불안과 두려움을 다룬다.
- 경제적으로 미해결된 부분이 있는지 살펴본다.
- 주변 인물(친정, 시가)의 개입이 있는지 살펴본다.
- 사귀는 사람이 있는지 확인한다.

(2) 이혼에 동의하지 않는 부부

- 부부 각자의 이야기를 충분히 공감하며 들어 준다.
- 이혼을 원하는 원고가 주장하는 '갈등이 지속되는 반복적 패턴'을 이혼을 원하지 않는 피고와 같이 다룬다.
- 부부가 각자 어떻게 부부 갈등을 인지하고 있는지 알아본다.
- 부부간에 어떻게 대화를 나누는지 상담 장면에서 관찰하면서 평상시 부부의 의사소통 방식을 알아본다.

- 상담 장면에서 상담가와 어떻게 관계 맺기를 하는지 살펴본다.
- 부부간의 갈등 원인을 파악할 수 있는 질문을 한다(예: 배우자의 어떤 면이 좋아서 결혼을 했나요? 언제부터 부부 사이가 멀어졌다고 생각하세요? 이혼을 생각하게 된 특별한 계기가 있었나요? '이건 정말 아니다'라고 상대방에게 느낀 것은 무엇인가요? 어떤 일 때문에 부부 싸움을 하게 되었나요?).
- 부부 서로가 상대방에 대한 소통의 욕구가 있음을 확인시켜 준다.
- 상담실에서의 부부 싸움은 대화가 부족한 부부에게는 대화의 시작일 수 있다. 상담가는 싸울 때에도 서로가 표현하고자 하는 감정이나 의견이 상대방에게 잘 전달될 수 있도록 돕는다. 서로 갈등이 높은 부모일수록 대면 상담을 통해 서로의 욕구와 바람 등을 표현해 볼 수 있는 기회가 반드시 필요하다.

(3) 자녀가 있는 경우

- 자녀들이 부모의 갈등이나 별거 상황을 어떻게 인지하고 있을 것인지에 대하여 부모에게 물어본다.
- 부모가 자녀에게 부모의 이혼을 사실대로 알려 주었는지 확인한다.
- 자녀에게 부모가 이혼을 하게 되면 부모 중 누가 양육을 하기로 했고, 누가 면접교섭을 행하기로 하였는지, 그리고 그 과정에서 자녀의 의사도 반영되었는지 확인한다.
- 별거 기간 중 양육비 지급과 면접교섭이 이루어지고 있는지 확

인한다.

- 이혼 후에도 변하지 않는 것들(부모 역할, 부모-자녀 관계)과 변하는 것들(전학, 이사 등)에 대해서 설명했는지 확인한다.

2) 양육[4]

(1) 양육을 서로 미루는 경우

- 이혼 후에 양육을 빌미로 상대방으로부터 간섭을 받을까 두려워하는 것은 아닌지 살펴본다.
- 상대방이 너무 싫을 때 상대방과의 관계를 절연하려면 상대방과의 연결 끈이 될지도 모를 자녀와의 관계도 끊어야 한다는 생각에 양육을 회피하기도 한다.
- 상대방이 자녀를 나에게 떠넘기고 자기는 새 출발, 새 삶을 살려고 하는 의도로 양육을 거부한다고 의심하는 사람은 배우자에 대한 미련이 전혀 없으면서도 맞불작전처럼 "나도 못 키운다."는 식으로 대응할 수 있다.
- 자신은 양육을 하고 싶지만, 경제적 능력이 부족하여 부모의 도움을 받아야 하는데 그 부모가 "아이를 두고 와라." 할 경우 양육을 회피하기도 한다.
- 새로 생긴 애인이 아이를 거부할 경우에도 양육을 거부하기도

4) 《이혼법정이야기》 관련 부분 참조

한다.

- 상대방이 이혼 후 다른 사람과 재혼하게 될까봐 재혼을 막으려고 자신은 양육을 피하면서 상대방에게 자녀 양육의 짐을 떠넘기는 것은 아닌지 살펴본다.
- 상대방에 대한 분노로 자녀를 상대방과 동일시하여 미루는 것은 아닌지 살핀다.
- 부모간 자녀의 양육비에 대한 견해가 맞지 않아 갈등 상황이 증폭되었을 때 양육비를 덜 주려는 상대방에게 "그럼 네가 키워라!"는 식으로 반응하는 경우가 많다. 과연 부모는 자녀의 양육비에 대해 어떠한 생각(자녀 생활비? 상대방 생활비? 여윳돈이 있을 때 지급하는 돈?)을 가지고 있는지 등 양육비에 관한 부모의 관점을 조명해 볼 필요가 있다.
- 경제적 이유로 서로 양육을 미루는 것은 아닌지 살핀다.
- 이혼 후에 자기만 양육하느라 고생할 것이라는 피해의식으로 양육을 거부하는 것은 아닌지 살핀다. 이럴 경우 양육은 주 양육자 혼자만 하는 것이 아니라 부양육자도 양육비 지급과 정기적인 면접교섭을 통하여 함께 양육하여야 함을 설명한다.
- 부부의 갈등이나 별거, 이혼과 별개로 부모의 역할은 계속되어야 하고, 자녀 양육도 이어져야 함을 고취시킨다.

(2) 양육을 서로 주장하는 경우

- 부부간 갈등이 해결되지 않은 상태에서 밖으로 보이는 양상은

"자녀를 내가 키우겠다."이지만, 그 내면은 "저 사람은 나쁜 사람이어서…", "저 사람은 저것밖에 능력이 안 되서…"라는 마음으로 상대방을 비난하고 있고, 상대방이 소중히 여기는 자녀를 빼앗아 복수하려는 경우도 있다. "저 사람은 자녀를 키울 능력(자격)이 안 되기 때문에 내가 키운다."라는 마음으로, 즉 자녀를 별개의 인격체로 인식하기보다는 자녀를 무기로 사용하여 서로 흠집 내기와 복수심으로 갈등을 표출하고 있는 것이다. 두 사람은 자녀 앞에서 싸우지 않기 위해 이혼하는 것이고, 이혼 후에는 두 사람이 주 양육자, 부양육자로서의 역할을 이행하면서 협력해야 하는 과정임을 교육한다.

- 상대방에게 양육비를 주고 싶지 않아 주장하는 경우인지 살펴본다.
- 이혼소송에서 이기고자 자녀 양육을 주장하는 경우인지 살펴본다.
- 지금 양육권을 확보하지 못하면 자녀와 영원히 이별할지도 모른다는 불안 때문인지 살핀다.
- 경제적인 자립을 준비하기보다 양육비로 생활하기 위해 양육을 주장하는 것은 아닌지 살펴본다.
- 자녀의 양육 환경을 고려하기보다 부모 자신의 죄책감, 가부장적인 사고 때문에 양육을 주장하는 것은 아닌지 살펴본다.
- 자신의 입장보다 (외)조부모가 손자(녀) 양육을 원해서 양육을 주장하는 경우도 있다.

(3) 양육 문제에 협의한 경우

- 자녀 입장에서 양육에 대한 협의를 하는 것이 아니라, '이혼을 안 해 줄 것 같아서', '소송이 길어지는 것이 너무 힘들어서', '우선 이혼부터 하고 나중에 아이를 다시 데려오면 된다.' 등의 이유로 상대방이 제시한 일방적인 이혼 조건에 동의하는 경우가 종종 있다. 협의했더라도 상담가는 자녀와 잘 맞는 쪽을 주 양육자로 협의했는지, 혹시 이혼소송의 후유증으로 인한 성급한 판단은 아닌지 확인해야 한다.

  이렇게 회피적으로 양육 협의를 하면 이혼 후에 또 다른 소송(예: 주 양육자 변경, 면접교섭 변경, 이행명령, 성본 변경 등)으로 이어져 부모의 갈등이 이혼 후에도 계속되어 자녀의 정서를 더욱 불안정하게 만들 수 있다.

- 겉으로는 자녀의 의사가 반영된 양육 협의인 것 같지만, 상담을 진행하는 중에 자녀가 그것과 다른 진심을 표현하는 경우도 있다.

- 판결을 '꼭 지키지 않아도 된다.'고 생각하는 경우도 있다. 주 양육자를 변경하는 것이 낫다고 판단되면 재판부와 협의하여 상담 중에 주 양육자를 변경하여야 한다. 그렇지 않으면 예를 들어, 현재 부가 양육하고 있는데 '모를 주 양육자로 지정한다.'는 판결이 선고되더라도 부가 자녀를 모에게 인도하지 않을 확률이 높다.

3) 면접교섭[5)]

(1) 부모가 면접교섭에 소극적인 경우

- 부양육자가 상대방과 어떻게든 인연을 끊고 싶은데 자녀를 계속 만나다 보면 상대방과 얽히는 상황이 또 다시 반복이 될까 봐 면접교섭 자체를 하지 않으려는 경우가 있다.
- 주 양육자의 경우도 마찬가지다. 상대방의 얼굴을 다시는 보고 싶지 않은데, 자녀를 보여 주거나 면접교섭을 허락하게 되면(주 양육자들이 흔히 하는 표현이다.) 다시 자신과도 부딪치게 될까 봐 면접교섭에 소극적인 경우가 많다.
- 실제로는 자신이 면접교섭을 탐탁하지 않게 여기면서 자녀가 거부한다며 자녀 탓으로 돌리기도 한다.
- 결국 이와 같은 부모의 심리적인 문제로 면접교섭이 제대로 이루어지지 않는다. 그러나 부부 갈등 때문에 자녀가 피해를 받아서는 안 된다. 면접교섭 중단을 방치했을 때 일어날 수 있는 자녀의 심각한 심리적인 피해(부정적인 상황)에 대한 안내가 필요하다. 그리고 부부가 이혼과 동시에 부정적인 감정을 정리하고 건강한 부모 역할을 계속하는 바람직한 모습을 보일 때 자녀가 긍정적으로 성장할 수 있다는 것에 대해서도 안내한다.

---

5) 《이혼법정이야기》 관련 부분 참조

(2) 자녀가 면접교섭을 거부하는 경우

- 자녀 상담을 통하여 면접교섭을 거부할 수밖에 없는 자녀의 입장에 대해 먼저 공감해 주어야 한다.
- 상담가는 자녀가 부양육 부모를 만나지 않으려고 하는 이유를 자녀와 함께 찾아본다. 현재 함께 살고 있는 부모에 대한 충성심, 자신을 버린 부양육 부모에 대한 원망, 주 양육 부모가 가지는 부양육 부모에 대한 미움이 그대로 전이되어 나타난 것일 수도 있다.
- 주 양육 부모의 감정이 전이되어 자녀가 부양육 부모와의 면접교섭을 거부하는 경우에는 부부 상담이 병행되어야 한다.
- 상담가는 자녀에게 "부모님의 이혼은 너의 잘못이 아니다."라고 말해 준다. 그리고 부모가 어느 날 갑자기 이혼하여 부양육 부모와 만나지 못한 현실에 대해 자녀가 이야기하고 자신의 감정을 표현할 수 있도록 돕는다.
- 부모의 재결합을 소망하고 있는지 확인한다. 부모의 이혼이 결정된 상태라면 자녀가 부모의 이혼을 받아들일 수 있도록 돕는다.
- 상담가는 부모에게, 자녀가 면접교섭을 거부하는 행동을 보이는 심리적인 배경에 대해 설명해 주고, 그것을 방치할 경우 자녀에게 발생할지도 모를 부정적인 상황에 대하여 설명하여 준다.
- 간혹 성인이 된 후, 과거를 되돌아보며 자신을 만나러 오지 않은 부모의 마음이 이해된다고 말하는 사람도 있다. 그러나 막

상 그 부모를 만나게 되면 얼굴도 보지 않으려 하는 정반대의 태도를 보이기도 한다. 가장 속 깊은 곳에 '왜 나를 버렸나!', '왜 나를 한 번도 만나러 오지 않았나!', '나에게 해 준 것이 무엇이 있는가!'라며 대부분 울분을 묻어두고 있는 것이다. 자신이 버림받았다는 심리적인 상처를 의식적으로는 이해하려고 하나 무의식으로 누적된 분노감은 얼굴도 보고 싶지 않은 태도로 드러난다. 자녀들은 부양육 부모를 안 보고 살아가는 것이 절대로 괜찮지 않다. 이미 어린 시절 이런 경험을 한 부모는 자신이 이혼하는 상황에 놓였을 때 자신의 자녀만큼은 그런 상처를 받지 않도록 하기 위해 배우자에 대한 감정이 힘들어도, 면접교섭에 적극적인 태도를 보이기도 한다.

(3) 부모가 면접교섭에 관한 협의를 한 경우

- 양육 협의를 하면서 면접교섭도 동시에 협의하게 되는데 이혼 중에 실제 면접교섭을 해 보지 않고 이혼 후에 하겠다고 하는 경우도 있다. 그러나 현실적으로 자녀와 만나지 않다가 갑자기 다시 만난다는 것은 어려운 일이고 설혹 다시 만나더라도 자녀가 이상 반응을 보여 부모를 당황스럽게 하기도 한다. 상담가는 가사상담 중 반드시 면접교섭 훈련을 하면서 자녀가 적응하도록 도와주어야 한다.
- 면접교섭할 의사가 없음에도, 법원의 요구에 따라 형식적으로만 면접교섭에 관한 협의를 하는 경우도 많다.
- 면접교섭 협의에 자녀의 의사가 반영되었는지 확인한다.

- 주 양육 부모와 부양육 부모가 이혼 후에도 함께 자녀를 양육하는 방법으로 면접교섭이 매우 중요하고, 면접교섭이 부양육 부모가 보고 싶을 때만 하는 부양육 부모만의 권리가 아니라 자녀의 정서적 안정을 위해 반드시 필요한 자녀의 권리를 숙지시킨다.
- 면접교섭과 양육비 지급은 서로 상관관계가 있으므로, 양육비 지급이 잘되면 면접교섭도 잘되고, 면접교섭이 잘되면 양육비 지급도 잘된다는 것을 알려 서로 협력하도록 한다.

2 이혼 후의 사건('느단', '느합', '즈기' 사건)

1) 친권자와 주 양육자 변경[6)]

친권자와 주 양육자의 변경은 자녀 입장에서는 큰 충격이다. 따라서 부모로부터 이러한 충격을 감내하면서까지 친권자와 주 양육자를 변경하려는 동기를 먼저 파악한다. 주 양육자의 변경이 필요한지에 대한 상담가의 적절한 조언이 필요함은 물론이다.

6) 《이혼법정이야기》 관련 부분 참조

- 변경 동기: 경제적인 이유, 자녀 통제 불능, 주 양육자의 폭력, 부양육자의 잘못된 신념[계부(모)는 학대한다. 주 양육자가 믿는 종교는 사이비다], 재혼, 이혼 후 갈등 관계 지속으로 상대방에게 양육 떠넘기기
  - 상담가는 주 양육자 변경 동기를 파악하고 상담 목표를 정한다.
  - 부모가 이혼 후에도 갈등이 지속되고 있는 경우에는 상담가의 개입이 필요하다.

(1) 자녀도 동의한 경우

- '자녀의 동의' 안에 깃들여진 자녀의 심리적인 역동(현재 함께 살고 있는 부모에 대한 애정·충성심, 자신이 선택할 수 없음에 대한 무기력·자포자기 등)에 대한 이해, 그리고 현재 환경에 대한 심층적인 접근을 통한 이해가 우선되어야 한다.

- 자녀는 양쪽 부모와 함께 살고 싶어 한다. 하지만 어쩔 수 없는 자신의 선택으로 한쪽 부모를 배신했다는 죄책감이 들 수도 있다. 면접교섭은 자녀의 그 죄책감을 덜게 할 수 있어 중요한 것임을 부모에게 강조하고 자녀가 느끼는 부정적인 감정을 해소할 수 있도록 돕는다.

- 자녀가 변화된 양육 환경에 적응할 수 있도록 주 양육자에 대한 양육 교육, 새로운 주 양육자와 자녀와의 관계 회복, 의사소통 방법, 면접교섭 방법 등을 구체적으로 다룬다.

- 부모에게 자녀의 현재 심리 상태를 설명해 준다. 필요한 경우

주 양육자 변경을 재고하도록 조언한다.

(2) 자녀가 부동의한 경우

- '자녀의 부동의' 안에 깃들여진 자녀의 심리적인 역동에 대한 이해[이사나 전학 가기 싫음, 부모의 일방적인 결정에 대한 반항(가출) 등], 그리고 현재 환경에 대한 심층적인 접근을 통한 이해가 우선되어야 한다.
- 상담가는 자녀의 특성과 자신들의 상황을 가장 잘 알고 있는 가족 스스로가 이 문제를 결정하도록 도와야 한다.
- 주 양육자가 자녀 양육이 힘들다며 주 양육자 변경을 요구할 경우 그 상황이 벌어진 이유를 확인한다. 특히 양육비 때문일 경우에는 판사나 가사조사관과 상의하여 바로 필요한 양육비를 지급하도록 조치를 취한다.
- 상담 기간 동안 주 양육자를 임시로 변경하여 자녀가 잘 적응하는지 살펴본 후 주 양육자 변경 여부를 결정하도록 하는 것도 방법이다. 이때는 충분한 상담 기간을 갖고 자녀의 상황 변화를 관찰한다.
- 재혼 때문에 혹은 재혼가정에 자녀가 적응하지 못해 주 양육자를 변경하고자 할 경우에는 재혼가정 전체를 상담 대상으로 삼을 수 있다. 물론 자녀가 재혼가정에 적응하지 못한 이유도 살펴야 한다.
- 주 양육자를 변경하지 않기로 결정한 경우 상담가는 자녀 양육

에 부양육 부모가 적극 협조하도록 상담 기간 동안 양육비 지급과 면접교섭 훈련 등을 시키고 부적응 상황에 조언을 하여 어느 정도 적응이 되었을 때 상담을 종결한다.

- 주 양육자를 변경하기로 결정한 경우 상담 기간 동안 주 양육자를 변경하여 자녀의 적응 여부를 확인한 후 상담을 종결한다.

(3) 자녀의 의사를 묻지 않고 부모끼리 복수심으로 싸우는 경우

- 부부가 법적으로는 이혼했지만 심리적으로는 건강하게 이혼하지 못하여 이혼 책임을 서로에게 돌리고 여전히 갈등 관계에 있는 상태다. 이혼 후에도 생활이 안정되지 못하고 자녀를 책임과 의무감으로만 인식함으로써 자녀의 의사는 묻지 않고 서로 싸우기 바쁘다. 따라서 비록 이혼한 후라도 자녀 상담뿐만 아니라 부부 상담도 병행해야 한다. 자녀를 양육하면서 자녀의 의사를 묻기보다 부부가 서로 싸우는 데 더 많은 에너지를 소비하기 때문에 심리적인 문제들을 해결하는 것이 우선이다.
- 상담가는 이제라도 부부가 해결하지 못한 감정을 표현하고 현실적으로 이혼을 수용하게 함으로써 자녀를 돌보는 데 집중할 수 있도록 한다.
- 현재 자녀의 심리적인 혼란이 어느 정도인지, 그러한 혼란이 자녀의 성장에 어떠한 영향을 미치는지, 이혼하였지만 앞으로 부모라는 이름으로 어떠한 마음과 태도를 취해야 하는지에 대한 접근이 반드시 필요하다.

- 부모가 이혼 후에도 갈등이 계속되는 상황이기 때문에 자녀가 심각한 심리적인 어려움에 처해 있을 확률이 높다. 반드시 자녀의 심리적인 상태와 적응 상태를 파악하고 그것을 부모에게 알리는 일이 우선되어야 한다.
- 주 양육 부모가 재혼해서 계부모 밑에서 내 아이를 키울 수 없다며 부양육 부모가 주 양육자 변경 청구를 할 수도 있다. 상담가는 부양육 부모의 불안을 공감해 주고, 현재 자녀의 상황을 확인한다. 지금 자녀가 잘 적응하고 있다면 당장은 주 양육자를 변경할 필요가 없다. 그러나 앞으로 자녀가 재혼가정에서 적응하지 못할 경우에는 주 양육자를 변경할 필요가 있을 수 있음을 부모에게 알리고 그때는 주 양육자를 변경하기 전에 반드시 심리 전문가와 상의하도록 조언한다.
- 이혼 후 양육비가 제대로 지급되지 않아 주 양육 부모가 양육비 청구를 할 경우 부양육 부모는 반대 청구로 주 양육자 변경 청구를 하는 경우도 있다. 이 경우 대부분 자녀는 면접교섭과 양육비 지급이 전혀 이루어지지 않는 상태에서 건강하지 못한 성장을 하고 있다. 부모의 이 청구가 있기 전까지 자녀가 어떤 생활을 하고 어떤 심리 상태로 지내고 있는지 점검할 필요가 있다.

(4) 자녀를 보고 싶어 주 양육자 변경을 청구하는 경우

- 자녀를 보고 싶어 자신의 곁에 두기 위해 주 양육자를 변경해 달라고 청구하는 경우도 있다. 이때 상담가는 주 양육자 적합성 여부만 상담하지 말고 상담 기간 동안 충분한 면접교섭 훈

련을 하면서 그 불안을 해소하도록 해야 한다. 그리고 그 과정에서 가족 스스로 주 양육자 변경 여부를 결정하도록 한다. 부모의 감정 문제로 면접교섭 훈련이 제대로 시행되지 못할 경우 부부 상담도 병행해야 함은 물론이다.

(5) 외로움과 상실감 때문에 주 양육자 변경을 청구하는 경우

- 이혼 후 아무것도 남아 있지 않아 자녀라도 옆에 두어야겠다는 마음으로 주 양육자 변경을 청구하는 경우도 있다. 이때 상담가는 자녀가 외로움을 채워 주는 대상이 아니라 부모로부터 사랑받으며 성장할 권리를 갖고 있으며, 그 외로움은 부모 자신의 문제이며 부모 스스로 해결해야 함을 인식시킨다.
- 면접교섭이 제대로 되지 않아서 외로움과 상실감에 주 양육자 변경을 청구할 수도 있다. 면접교섭 상황에 대한 확인과 개입이 요구된다.

2) 면접교섭 변경[7)]

면접교섭에만 집중하지 말고 상담을 진행하다 주 양육자를 변경할 필요가 있는 경우도 있음을 염두에 두고 상담을 진행한다. 면접교섭 방해는 자녀에 대한 정서적 학대이므로 주 양육자 변경을 고려해야 한다.

---

7) 《이혼법정이야기》 관련 부분 참조

(1) 멀리 이사 가서 못 만나게 해요

- 전 배우자와 부딪히기 싫어 이혼 후 일부러 멀리 이사가버리는 경우도 많다. 이 경우 자녀의 행방을 모르는 부양육자는 불안과 분노감을 표현한다.
- 상담가는 이혼 후에 서로 상대방과 부딪히고 싶지 않은 부모의 심리를 파악해 주고, 부모의 심리를 비난하기보다는 그럴 수밖에 없는 마음에 대해서도 수용해준다.
- 하지만 자녀에게도 이러한 상태가 지속되었을 때 예상할 수 있는 자녀의 부정적인 성장 발달에 대해 부모교육을 통해 이해하도록 도움을 준다.
- 다양한 면접교섭의 예를 설명해 주어 먼 거리라도 가족 스스로 절충안을 찾아 자녀가 부양육 부모를 만날 수 있도록 한다. 이렇게 꾸준한 만남을 통해 자녀가 한쪽 부모로부터 버림받았다는 느낌을 받지 않고, 주 양육 부모에 대한 죄책감을 갖거나 눈치를 보지 않으며 안정되게 면접교섭을 하도록 해야 한다. 면접교섭은 자녀의 권리임을 강조한다.

(2) 재혼하더니 아이를 못 만나게 해요

- 재혼 후, 예전 결혼 관계에서 오는 심리적·경제적 어려움에 대한 공감을 먼저 충분히 하도록 한다.
- 현재 자녀를 양육하고 있는 계부(모)를 상담에 참여시켜 면접교섭 훈련에 동참하도록 한다.

- 자녀의 입장에서는 자신을 둘러싸고 있는 중요한 어른인 친부(모), 계부(모)가 서로 의논하는 모습들을 보는 것만으로도 많은 심리적인 위안을 받는다. 부모의 이혼으로 자녀가 겪는 부담을 어떻게든 최소화한다.

3) 성과 본의 변경[8)]

(1) 고려할 점

- 부모가 이혼하면서 엄마가 주 양육자로 결정된 경우 흔히 친부가 아버지 역할을 하지 못한다는 이유로, 자녀와 계부의 성 본이 달라 적응하지 못한다는 이유로 친모가 자신과 같은 또는 계부와 같은 성 본으로 변경해 달라는 청구를 한다.
- 상담가는 자녀가 아직 어려 주 양육자의 요구에 따라 성 본을 변경하는 것에 찬성할 수 있지만 그것이 진심이 아닐 수 있다는 점에 유의해야 하고, 부모의 주의를 환기시켜야 한다(예: "모든 재혼가정이 자녀의 성 본을 변경하지는 않습니다. 자녀가 성인이 된 후 '자기가 어릴 때 엄마가 일방적으로 성 본을 변경했다'며 원래 성 본으로 변경해 달라는 청구를 하는 경우가 많습니다. 이 점에 대하여 어떻게 생각하나요?").
- 자녀는 정서적으로 문제가 없는데, 계부와 친모의 정서가 불안정하여 아동 학대가 발생하거나 재혼에 실패하면서 자녀의 성

8) 《이혼법정이야기》 관련 부분 참조

본을 또 변경하려는 시도를 하는 친모가 많다. 따라서 재혼가정의 안정화를 위해 상담을 진행해야 할 경우도 있다.

- 성 본 변경에 예민한 아이는 "새 아빠가 성을 바꾸면 안 되나요?"라며 우회적으로 자기 의사를 표현한다.

(2) 성 본 변경을 청구하는데 왜 상담을 받아야 하나요?

- 부모가 이혼을 결정할 당시의 과정에 대해서 점검할 필요가 있다.
- 상담가는 성 본의 변경이 자녀에게는 심리적으로 결코 간단한 일이 아니라는 것과 변경 후에 올 수 있는 여러 가지 예상되는 문제(예: 정체성 혼란, 친부에 대한 죄책감, 친모와 계부에 대한 충성심 갈등, 친구들의 놀림 등)를 먼저 제시한 후, 가족들이 심사숙고하여 결정할 수 있는 시간을 갖도록 안내한다.
- 자녀가 계부와 성 본이 달라 적응을 하지 못한다고 변경 청구를 하는 경우도 있지만, 실제로는 부모 자신이 이혼 전력에 대한 수치심을 감추기 위하여 또는 전 배우자에 대한 분노로 바꾸려는 것은 아닌지 살펴야 한다.
- 섣부른 성 본 변경은 자녀의 정체성에 혼란을 줄 수 있음을 알려야 한다.
- 친부와의 면접교섭이 전혀 이루어지지 않았다면 편의상 성 본을 바꾸더라도 여전히 친부이므로 면접교섭을 하고 양육비를 지급하도록 해야 한다. 이때 계부의 협조도 필요하므로 상담에 참여시킨다.

- 자녀가 재혼가정에 적응하지 못하고 혼란스러워한다는 이유로 성 본을 변경하려고 한다면, 자녀가 혼란스러워하는 이유를 탐색하고(친부로부터 버림받았다는 상처 때문인지, 엄마가 다른 사람과 재혼해서인지, 또 다른 이유는 없는지 등) 그 해결책을 자녀와 함께 찾는다. 민감한 청소년 자녀는 친모의 재혼 등으로 혼란을 겪는다. 하지만 문제가 심각하다면 부적응 문제가 있을 수도 있으니 적응 수준을 확인해 보아야 한다.

(2) 아빠 얼굴을 한 번도 본 적이 없는데 꼭 만나야 하나요?

- 성 본 변경 사건을 상담하다 보면 자녀가 태어나서 친부를 한 번도 만나 본 적이 없는 경우도 있다. 유아기 때 성 본 변경을 한 경우가 아니면 보통 중학교에 들어가기 전이나 늦으면 고등학교에 들어가기 전에 성 본을 변경하려 한다. 그 연령대 청소년들은 혼자서 자신의 친부에 대한 고민을 많이 한 상태일 수 있다. 친부에 대한 것이 궁금하지만 친모는 속 시원히 알려 주지 않고 알려 준다고 하더라도 친부와 만날 수 있도록 중재하지는 않는다. 이러한 이유로 자녀의 친부에 대한 마음은 혼자만 아는 마음이다. 친부에 대한 순수한 그리움과 원망, 혼란을 혼자서 겪었던 자녀는 친부가 자신을 버렸다는 결론을 내림으로써 혼란을 정리한다. 그러나 성 본 변경을 하기 위해서는 친부의 의견이 필요하다는 것을 알게 되면 다시 혼란스러워하고 친부와의 만남을 강하게 거부한다.

- 친부가 쉽게 동의를 해 주는 경우도 있지만 한 번도 본 적이 없는 자녀에 대한 죄책감 때문에 오히려 동의를 주저하는 경우도 있다. 자녀는 상담가에게 친부를 만나고 싶지 않다고 단정적으로 말한다. 친모도 꼭 그렇게 해야만 하는지 저항이 심하다. 하지만 자녀와 상담을 진행하다 보면 '아빠는 나를 버린 것일까? 아빠는 내가 보고 싶지 않나?'라고 생각하는 자녀의 마음속 질문과 만나게 된다. 상담가는 그 질문을 직접 물어보는 것으로 자녀가 아픈 기억을 꺼낼 수 있도록 도와야 한다. 친부가 자녀를 만나든 만나지 않든 상담가가 그 자녀의 마음속 질문을 함께 공유하는 작업은 무엇보다 중요한 일이다. 친부와의 만남이 자녀의 성장에 향후 어떻게 작용할지는 아무도 모른다. 하지만 법원에서 성 본 변경이라는 절차를 거칠 때 친부와 만나지 못한다면 평생 두 사람은 스스로의 의지로 만나기 어려울 것이다.

(3) 새 아빠가 성을 바꾸면 안 되나요?

- 자녀의 성 본 변경에 대한 부담감에 대해 부모에게 물으면 "모든 것을 개방적으로 받아들이고 있다. 아이는 동의했다."고 적극적으로 표현한다. 하지만 상담을 진행해 보면 자녀는 "새 아빠가 성을 바꾸면 안 되나요?"라는 질문을 한다. 이러한 질문을 할 줄 아는 아이는 심리적으로 밝고 건강한 아이이다. 대부분의 자녀들은 "아무렇지 않아요. 저는 상관없어요."라는 말로 자신의 의사를 대신한다. 민감한 청소년들은 전화번호가 바뀌는 것조차 싫어한다. 자신이 좋아하는 것만을 선호하는 그런 청소년

에게 성이 바뀌는 것이 아무렇지도 않은 일이 될 수는 없다. 하지만 바꾸어야 하는 것이 현실이라면 상담을 통해 잘 적응하고 불편한 감정을 해소할 수 있도록 도와야 할 것이다.

4) 친양자 입양[9)]

- 친양자 입양 청구는 주로 재혼가정에서 신청한다. 이혼 경험이 있는 두 가족이 결합하는 등 다양한 가족의 형태 속에서 적응하기 어려워하는 자녀와 만나게 된다. 이 자녀들이 잘 적응하고 성장해 나갈 수 있도록 돕기 위해서는 다양한 재혼가정의 형태를 수용하고, 가족이 안정되게 정착할 수 있도록 '가족'에 대한 상담가의 상담 철학이 먼저 확고해야 한다.
- 담당 판사나 가사조사관과 심도 깊은 접근 방향 설정을 위한 논의가 충분히 선행되어야 한다.
- 재혼가정은 이혼이나 사별의 과정을 각자 경험하고 다시 새로운 재혼가정을 형성하기까지 부부가 각자 또는 같이 경험한 자신의 가족 이야기를 가지고 있다. 상담가는 이러한 각자 삶의 과정에 대한 이해와 존중이 필요하다.
- 다양한 형태의 재혼가정에서 자녀들은 많은 변화를 경험하고 익숙하지 않은 상황과 만나게 된다. 친양자 입양 사건을 통해 접하게 되는 가족 상담에서 자녀들이 재혼가정에 건강하게 적

9) 《이혼법정이야기》 관련 부분 참조

응할 수 있도록 돕는 상담가의 전문적인 접근이 필요하다.

- 어떠한 상황일지라도 자녀가 스스로 선택에 대해 고민할 수 있는 기회를 주는 것이 중요하다. 자녀가 주 양육 부모의 '강요'가 아닌 '의견'을 듣고 자신의 의견을 주 양육 부모에게 표현하도록 상담가가 도와야 할 것이다.
- 특히 친양자 입양 후 계부모의 불안정성으로 다시 이혼하고 파양을 청구할 경우 자녀가 겪는 심리적인 고통은 크다. 그러므로 상담가는 부모들에게 부모들이 진행하는 친양자 입양과 파양의 절차가 자녀들의 심리에 어떠한 영향을 미치는지에 대해 설명하는 시간을 가져야 한다.

5) 미성년후견

- 부부가 이혼하면서 지정된 친권자가 사망할 경우에 생존 부모가 자동적으로 친권자가 되는 것이 아니라, 법원이 생존 부모를 친권자로 지정할 것인지 아니면 자녀를 실제 양육 중인 (외)조모 등을 미성년후견인으로 지정할 것인지를 결정한다.
- 대부분 친권자가 주 양육자인 현실에서, 사망한 친권자의 사체를 발견한 사람은 대부분 자녀들이다.
- 이때 자녀는 '나 때문에 부모가 사망한 것일까? 내 곁에 있는 사람들도 꼭 죽게 되는 것은 아닐까? 나는 누가 지켜줄까?' 등을 생각하며 염려하게 된다. 특히 후견인이 조부모가 될 경우 자녀는 조부모의 노쇠로 인해 금세 또 다른 죽음을 경험하게

될지도 모른다는 두려움이 몹시 크다. 상담가는 이러한 자녀들의 심리를 잘 파악하고 충분히 공감하면서 자녀들의 연령, 발달 상태에 맞게 죽음에 대한 이해를 도와야 한다.

- 자녀들은 사망한 부모의 사체에 관한 기억 속에서 힘들어하고, 아무런 준비 없이 갑자기 친권자가 사망하여 부모 상실에 충격을 받는다.
- 자녀가 생존 부모와 면접교섭도 하지 않고 있는 경우에는 자신을 돌봐줄 부모가 없어진 것에 불안해한다.
- 사망한 친권자의 부모형제 자신도 애도의 시간을 제대로 갖지 못해 무기력과 혼란으로 자녀를 돌봐줄 여력이 없는 경우가 많다.
- 상담가는 자녀와 사망한 친권자의 부모형제의 애도 상담, 생존 부모와 자녀의 관계회복을 통한 면접교섭 훈련, 미성년후견인이 되려는 자와 자녀의 친밀감 등의 평가도 하여야 한다.
- 상담 결과 미성년후견인이 되려고 하는 자보다 생존 부모가 자녀를 양육하는 것이 낫다고 평가될 경우에는 생존 부모를 친권자와 주 양육자로 협의하도록 하고, 사망한 친권자의 부모형제와 자녀가 면접교섭하도록 훈련시켜야 한다.
- 자녀를 둘러싸고 있는 어른들이 서로 후견인이 되겠다며 갈등을 빚을 때 자녀는 몹시 혼란스럽게 되며, 함께 지내는 어른과 이별해야 할지도 모른다는 두려움에 휩싸이게 된다. 어른들 입장에서는 자녀를 위한다고 하는 행동일 수 있지만 자녀 입장에서

는 불안감이 가중되는 상황이다. 그러므로 이러한 자녀의 마음을 헤아릴 수 있도록 모든 어른들이 함께 모여 자녀의 심리 상태를 상담가로부터 듣고 자녀를 위해 어떤 역할을 해야 할지에 대해 서로 의논하고 협의하는 화합의 시간을 마련해야 한다.

자녀와 함께 사는 부모를 상담할 때 놓치지 말아야 할 것

- 주 양육을 조부모가 담당하고 있는 경우에 조부모 상담을 반드시 하도록 주 양육 부모를 설득한다.
- 첫 이혼 당시 겪었던 모든 감정에 대해 이야기하도록 한다. 이성적으로는 '더 나은 삶을 살기 위해서' 이혼을 선택했지만 감정적으로는 분노, 자책, 상실, 무기력감을 경험했을 수 있다. 이런 감정들을 온통 다 쏟아내고 나면 본 소송(친권자와 주 양육자 변경, 양육비 이행명령, 면접교섭 이행명령 등)을 통해 자신이 진심으로 바라는 것이 무엇인지 파악하게 된다. 그 과정을 상담가가 잘 안내하여야 한다.
- 자녀와의 애착 정도를 파악한다. 자녀만은 잘 키울 수 있다고 생각하여 또는 자녀에게 이혼하는 모습을 보여주는 죄책감 때문에 자녀 양육을 도맡기로 하였지만 마음과 달리 생활고에 시달리다 보면 자녀를 보육 기관에 오랜 기간 맡겨두거나 어쩔 수 없이 밀려드는 경제적인 불안감 등으로 자녀에게 짜증을 많이 내며 지낼 수 있는데 이때 자녀는 부모에 대한 친밀감이 많이 감소했을 수 있다.
- 헤어져 지내는 부모와 자녀의 면접교섭이 자녀에게 어떤 영향을 미치는지에 대해 충분히 안내하는 시간을 갖는다.

자녀와 헤어져 지내는 부모를 상담할 때 놓치지 말아야 할 것

- 자녀에게 면접교섭, 양육비가 어떤 의미인지 설명하고 면접교섭이 다시 시행되고 양육비 지급이 이루어질 수 있도록 한다.
- 자녀를 주로 양육하고 있는 상대방에게 양육의 수고에 대해 감사 표현을 하도록 알린다.

계부모와의 상담에서 놓치지 말아야 할 것

- 자신이 상대방의 자녀를 위해 부족한 한쪽 부모의 역할을 해 주리라 마음먹고 재혼을 하였지만 가족 사이의 애정은 하루아침에 금방 만들어지지 않을 수 있다. 그러므로 시간이 필요하다는 것을 인정해야 한다.
- 성급하게 자녀와 친해지려 하지 말고 놀이 방법, 대화 방법을 익히며 천천히 진행하도록 한다.

재혼가정 자녀들의 상담에서 놓치지 말아야 할 것

- 부모의 이혼과 재혼의 시간을 경험하는 자녀는 자신의 의지와는 상관없이 많은 일들을 연이어 경험하게 된 것이다. 이때 자신의 마음과 의사는 아무 소용도 없다는 무력감을 느끼는 것은 당연하다. 그러므로 일상생활에서 아주 사소한 일들에서도 가능한 한 자녀가 직접 선택할 수 있도록 하는 것이 좋다. 학교 갈 때 어떤 옷차림을 할 것인지, 용돈으로 무엇을 살 것인지 등 자녀 스스로 생각하고 결정할 수 있다는 것을 실제 해 보면서 만족감을 느끼도록 한다. 이러한 만족감을 자주 경험하지 못했을 때 어른들에게 반항하거나 반대로 너무나 순종적인 착한 아이 역할을 도맡게 된다.

chapter 04

협의이혼 상담

1. 자녀 양육 안내
2. 협의 이혼 전 의무 면담
3. 협의 이혼 의사 확인 기일에 의뢰된 상담

가사상담 길라잡이

CHAPTER 04 협의 이혼 상담

협의 이혼 전 상담에는 자녀 양육 안내, 의무 면담, 이혼 의사 확인 기일에 의뢰된 상담 등이 있다.

1 자녀 양육 안내

1) 진행 방법

- 각 법원에 따라 미성년자녀가 있는 협의 이혼 부모들을 대상으로 매주, 정해진 시간에 진행한다.
- 법원에 따라서는 각 가정의 미성년자녀의 연령대를 영아기, 유아기, 아동기, 청소년기 등으로 나누어 같은 발달 시기의 자녀를 둔 부모들끼리 소그룹으로 집단을 형성한 후 자녀 양육안내 위원이 해당 발달 시기에 일어날 수 있는 특징들을 중심으로 안내하기도 한다.

2) 내용

- 대법원 산하 부모교육공동연구회에서 제작한 '부모'와 '우리 아이를 위한 면접교섭 바로 알기' 동영상을 시청하고 전문가의 보충 강의를 듣는 방식으로 진행한다.
- 이혼하는 부모들이 경험하는 심리적인 경과, 부모의 이혼을 접하는 자녀들의 심리, 양육 협의서를 작성할 때의 유의점 등에 대해 알린다.

3) 유의점

- 법률적인 부분의 안내보다는 부모와 자녀들의 심리와 대처법을 전달하고자 주력한다.
- 진행자의 종교, 이혼에 대한 관점, 성 역할에 대한 가치관에 편향되지 않도록 한다.
- 비교적 짧은 시간에 많은 부모들을 대상으로 하는 경우가 많다. 꼭 필요한 내용들을 강조하여 전달하도록 한다.

2 협의 이혼 전 의무 면담

1) 진행 방법

- 각 법원의 인력과 예산 사정에 따라 미성년자녀가 있는 협의 이혼 부모들을 대상으로 다양한 방식으로 진행하고 있다(예: 1회기만 의무이고 이후 상담은 선택하도록 하는 법원, 의무 면담은 법원에서 1회기만하고 이후의 상담과 집단 교육 등을 외부 기관에서 진행하도록 하는 법원, 영유아 자녀가 있는 부부는 양육 코칭 등의 프로그램에 참여하도록 하는 법원).
- 집단 교육에는 심화 부모교육, 바람직한 의사소통의 방법 교육, 양육 코칭 등이 있다.

2) 내용

- 부부의 이혼 경위와 갈등 수준을 점검하고 이혼 후에도 자녀를 위해 서로 공동 양육자로 인정할 수 있도록 코칭한다.
- 부모의 양육 협의가 자녀 입장에서 바람직한지 점검하는 시간을 갖는다.
- 연령이 어린 자녀를 둔 부모를 대상으로는 반드시 실질적인 면접교섭이 이루어질 수 있도록 협의하고 실제 면접교섭을 진행하고 있는지 점검한 후 자녀를 동반한 면접교섭의 상황을 상담가와 함께 직접 경험해 보는 시간을 갖도록 한다.

3) 유의점

- 법원의 상담 안내를 받고도 협의로 이혼을 진행하고 있다는 생각에 전문가의 개입을 별로 반기지 않는 부부가 많다.
- 부부가 서로 협의한 이혼에 대해 충분히 공감하며 이후 주 양육 부모와 부양육 부모로서 자녀를 어떻게 양육할지에 대해 집중하여 코칭한다.

3 협의 이혼 의사 확인 기일에 의뢰된 상담

1) 진행 방법

- 3개월의 숙려 기간이 경과한 후 판사가 부부의 이혼 의사를 확인하는 날짜가 지정되는데 그 날이 이혼 의사 확인 기일이다. 그 이혼 의사 확인 기일에 판사가 각 가정의 상황을 점검하는 과정에서 부모의 협의가 자녀의 복리에 다소 상충하는 부분이 있다고 여겨질 때 상담을 의뢰한다.
- 상담 첫 회기부터 부모가 함께 참여하도록 하고 상담 중에 반드시 자녀가 참여하도록 한다.

2) 내용

- 상담 의뢰된 촉탁 사항을 확인한다. 단기로 의뢰된 경우가 대부분이어서 촉탁 사항도 한정되어 있고, 상담이 그 촉탁 사항에 집중된다.
- 자녀 입장에서 바람직한 주 양육자가 협의되었는지 살핀다.
- 부와 자녀, 모와 자녀의 상호작용을 점검하고 부모 서로 상대방 부모와 자녀의 상호작용을 관찰하도록 하여 상대방이 비록 자신에게는 좋은 배우자가 아니지만, 자녀에게는 소중한 부모인 것을 인정하는 시간을 갖는다.
- 자녀 입장에서 부모의 이혼이 어떤 경험이 될지에 대해 심층 부모교육을 진행한다.
- 실제 면접교섭이 이혼 후에도 정기적이고 규칙적으로 이루어지도록 상담 과정에서 훈련하며 상담실 내에서 놀이 등을 통해 연습하고 부부가 상담실 밖에서 스스로 면접교섭한 후 부모가 서로 피드백을 주고받도록 한다. 그 과정에서 현실적으로 실현 가능한 면접교섭 방법을 찾는다.

확인 기일 상담에서 놓치지 말아야 할 것

- 친권과 주 양육권을 양쪽 부모가 나누어 가지는 경우: 이유를 살피고 친권자와 주 양육자가 다를 경우에 주 양육자가 서류 작성 등 사무 처리에 번거로움이 많음을 알리고 친권자와 주 양육자를 일치시키도록 조언한다. 다만 면접교섭과 양육비 지급이 원만히 되고 있어서 공동 양육도 가능할 정도면 공동 친권도 무난하다.
- 자녀를 각각 분리 양육하는 경우: 자녀들이 부모와 헤어지는 것뿐만 아니라 자녀들도 뿔뿔이 흩어지는 것은 자녀의 정서에 매우 부정적인 영향을 미침을 알리고 한 명이 모두 양육하도록 한다.
- 3세 미만의 영유아 자녀인데 아빠가 양육을 하겠다고 하는 경우(그러나 아빠가 주로 돌보는 등 엄마보다 아빠와 더 애착이 형성된 경우는 제외): 아빠의 직접 양육보다는 조부모, 혹은 기관의 도움일 경우가 많고 이 경우 헤어져 지내는 부모와 면접교섭이 잘 되지 않을 경우가 많은 사정을 고려하여 엄마가 주 양육하도록 권유한다.
- 이혼 후 자녀의 전학을 생각하는 경우: 자녀들이 전학 등 양육 환경 변화에 민감한 경우가 많음을 알린다.
- 양육비 미지급에 합의한 경우: 이혼이 급해 양육비 미지급 합의를 할 수 있는데, 이 경우 몇 년 후 양육비 청구가 들어올 수 있음을 예고한다. 또한 양육비 미지급 대신 면접교섭 중단을 합의할 수 있고, 부양육자 스스로 면접교섭을 거부하기도 하여 자녀 정서에 부정적인 영향을 미칠 수 있음을 알린다.
- 면접교섭이 전혀 안 되는 경우: 오랫동안 별거 중인데 면접교섭이 안 되고 있다면 상담 중에 면접교섭 연습을 시키도록 한다.

3) 유의점

- 법원의 여러 절차를 거쳐 확인 기일까지 갔는데, 상담에 다시 회부되었을 때 양쪽 부모의 저항이 높다. 상담에 대한 취지를 잘 설명하고 상담에서 무엇을 다루어야 할지에 대해 정성스럽게 안내한다.
- 자녀들을 상담에 참여하도록 할 때 이혼을 숨기고자 하는 부부나 자녀에게 죄책감을 갖는 부부는 저항이 높다. 그러나 '비밀로 한 이혼으로 자녀가 받는 상처'는 '이혼 사실을 자녀에게 알릴 때 받는 상처'보다 더 크다는 것을 부모에게 알린다. 부모가 치루고 있는 이혼의 과정이 건강한 이별이 될 수 있도록 안내하며, 이혼에 대한 부모 스스로의 죄책감에서 벗어나도록 돕는다.

chapter 05

사례 분석

1. 특수한 상황에서도 지켜내야 할 부모 자녀 관계
2. 다문화가족 상담
3. 공동 양육의 문제

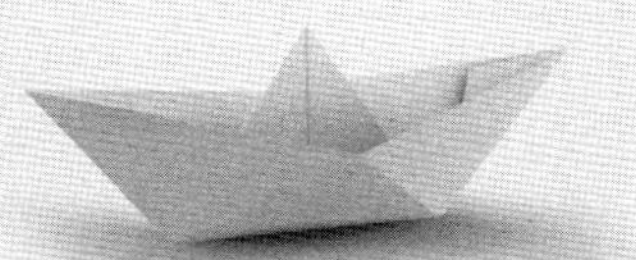

가사상담 길라잡이

CHAPTER 05 사례 분석

1 특수한 상황에서도 지켜내야 할 부모 자녀 관계

> 계부에 의한 성폭력 피해 사실 여부가 명료하게 확인되지 않은 상태에서 계부가 부인에게 이혼과 이복동생의 양육권, 양육비 청구 소송을 한 사건이다. 부인은 당시 남편의 부적절한 행동으로 충격을 받았으나 이혼소송까지 겹치면서 많이 힘들어 한 상태였다. 가사상담을 통해 부인이 자신의 혼란스러운 와중에도 사건본인의 고통감에 더 집중함으로써 딸의 호소에 자신이 할 수 있는 적극적인 태도를 취하게 되었고 아들에 대한 인식을 '가해자의 아들'에서 자신의 아들로 보호, 양육해야 한다는 인식변화의 계기를 마련하게 되었다. 딸의 상담 과정에서 표현된 성폭력 피해의 진위는 상담가의 입장에서 확신하기는 어렵다. 하지만 상담 과정에서 딸이 엄마에게 자신의 감정을 표현하고 딸에게 필요한 엄마를 되찾아 가면서 건강한 부모 자녀 관계를 확립하게 된 점은 보람된 일이었다.

이 사례는 남편이 부인에게 이혼소송과 아들에 대한 양육권, 양육비를 청구한 사건이다. 부부는 부인이 미혼모로 낳은 딸(12세)과 두 사람 사이에서 낳은 아들(5세)을 두었다. 이혼소송을 제기하기 10개월 전에 남편은 부인으로부터 딸을 성폭행했다고 고소를 당했으나, 증거 불충분으로 무혐의 처분을 받았다. 하지만 부인은 남편을 여전히 가해자로 믿으며 이혼 여부가 주로 문제됨에도 성폭행 사건에 대한 이야기만 하였다. 이혼 관련 문제를 협의하는 데 상당히 난감한 상황이었다. 이 글은 판사의 가사상담 촉탁에서부터 협의서를 쓰고 종결하기까지의 과정을 상담 초기·중기·종결 단계로 나누어 정리하였다. 상담을 마무리하면서 상담가로서 느낀 점은 가족은 마치 한 명의 개인처럼 가족 스스로 자신의 문제를 제일 잘 알고 해결도 그 가족 스스로가 제일 잘 해 나간다는 것이다. 상담가의 역할은 믿고 기다려 주며 전문적인 기법을 통해 그 해결을 촉진해 주는 것임을 다시 한 번 확인하게 된 상담이었다.

1) 사례 개요

(1) 판사의 상담 의뢰

◎ 촉탁 사항

- 원고: 김○○(77년생)
- 피고: 장○○(79년생)
- 자녀: 김○○(여, 12세), 김○○(남, 5세)
- 자녀의 심리 상태 점검
- 양육권과 양육비 협의
- 면접교섭에 대한 협의

촉탁 사항은 가사상담의 목표에 해당된다. 상담 목표 설정에는 판사, 가사조사관과 내담자, 상담위원의 협의가 필요하다. 촉탁 사항에서 제시한 상담 목표는 상담 진행 과정에서 변경될 수 있다.

판사가 상담위원에게 알려준 가족 상황

- 성폭력 사건에 대한 진위로 인한 부부 갈등이 심함
- 남편은 부인이 오해를 풀면 재결합 의사가 있다고 함
- 부인은 남편의 자녀에 대한 성폭력을 강하게 주장함
- 남편은 현재 딸의 진술 번복 등 증거 불충분으로 무혐의 처분을 받음
- 부인은 기도원에서 생활하고 있으며 종교에 심취된 것처럼 보임
- 성폭행 고소 이후에 아들을 보육원에 맡겼으나 남편이 아들을 찾아 친가로 데려갔고 딸은 성폭력 피해아동 쉼터에 있다가 현재 보육원으로 옮겨져 생활하고 있다고 함

이와 같이 판사나 가사조사관이 부부에 대한 인상과 관찰 사항을 알려 준 내용은 상담 전에 내담자를 이해하고 첫 회기 상담을 준비하는 데 도움이 된다.

(2) 상담 전 상황에 대한 이해

부인은 성폭행으로 남편을 고소한 이후부터 아이들을 지방에 있는

보육원에 맡겨 두고 운동화를 신고 큰 배낭을 멘 채 경찰서, 해바라기 아동 센터, 검찰청, 법원, 산부인과 병원, 변호사 사무실로 다녔다. 남편도 회사를 다니기는 했지만 검찰청과 경찰서, 법원, 변호사 사무실을 다니며 자신의 무죄를 주장하는 생활로 10개월을 보냈다고 한다. 딸은 지방에 있는 보육원에 있다가 법적인 절차가 필요하면 경찰서 등이 있는 도시로 올라왔으며, 아들은 남편이 보육원에서 데려와 친가로 보냈다고 한다. 처음 고소할 당시에는 셋째 자녀를 임신한 상태였는데 유산인지 낙태인지 확인할 수는 없으나 결국 셋째 자녀는 태어나지 못하였다. 남편은 셋째 자녀를 낙태했다며 부인을 고소하였고 부인은 충격으로 유산되었다고 주장하였다. 딸은 엄마를 따라 다니며 경찰서 진술실, 산부인과 진료실을 다녔으나 실제 생활은 성폭력 피해 아동 쉼터, 보육원에서 하는 등 엄마와 떨어져서 생활하였다. 남편은 전과가 없으며 딸의 진술 번복, 증거 불충분 등의 사유로 무혐의 처분을 받자, 부인을 도왔던 주변 사람을 명예훼손으로 고소하였고 부인을 상대로 이혼소송과 아들의 양육권, 양육비 청구 소송을 냈다.

상담 전 상황은 내담자를 이해하는 데 도움이 된다. 이러한 상황은 1회기에서 3회기인 상담 초기에서 확인할 수 있다. 이혼을 결심하게 된 동기나 이혼소송까지의 서로의 갈등 수준, 이혼에 대한 준비, 아이들의 돌봄 상태에 대한 정보는 상담 목표를 세우는 중요한 기초 자료가 된다.

(3) 가족 사항

- 남편(원고, 36세): 키가 작고 아담한 체형이었다. 상대방이 먼저 말하기 전에는 말을 하려고 하지 않았으며 아주 차분한 태도를 유지하였다. 마음이 급해지면 말을 조금씩 더듬었다. 간단한 그림 검사와 문장완성검사를 진행하였으나 아주 간단하게 그리고 짧게 대답하였다. 지난 시간에 한 말을 다음 상담 시간에 항상 다시 정리해서 오곤 하였다. 부인이 논리적으로 맞지 않다고 대들면 시끄럽게 말하는 사람과는 말하지 않겠다고 입을 다물어 버리곤 하였다. 자주 다리를 떨고 자신의 손바닥을 비비며 만지작거리곤 하였다.
- 부인(피고, 34세): 체격이 크고 목소리가 컸다. 상담가와 말을 할 때는 목소리가 조용한 편이었으나 남편과 말을 할 때는 흥분을 많이 하고 화를 내 이야기를 진행하기가 어려웠다. 어떤 때는 주변에 있는 무엇이든 집어던지려고 하였다. 말하는 중간중간, "아이구 하나님"이라고 하며 자신의 감정을 조절하곤 하였다.
- 딸(12세): 보통 체격이고 상담가와 눈을 잘 마주치지 않았다. 엄마를 따라다니면서 지정된 자리에 조용히 앉아 있었다. 첫 상담 때 동생을 만나더니 무척 반가워하였다. 동생을 만났을 때는 또래 아이처럼 해맑게 웃었다. 그림 그리는 것을 좋아했다. 말을 많이 하지 않았고 한참 생각한 후에 말하곤 하였다.
- 아들(5세): 얼굴이 까맣게 탄 귀여운 남아였다. 엄마를 보자마

자 알아보고 와락 안겼다. 누나에게도 장난을 치며 즐거워하였다. 엄마를 또 볼 수 있냐며 아빠에게 묻는 등 밝은 표정이었다.

(4) 상담 진행 일정 요약

	회기	참여자	내용
초기 단계	1회기	부부, 딸, 아들	상담 구조화, 주 호소 파악, 촉탁 사항 확인, 행동 관찰
	2회기	부인	개별 상담
	3회기	남편	개별 상담
중기 단계	4회기	부인, 딸	모와 딸 상담
	5회기	부인, 딸	모와 딸 상담
	6회기	부인, 딸	모와 딸 상담
	7회기	딸	개별 상담
	8회기	남편	개별 상담
종결 단계	9회기	부인	개별 상담(남편 불참)
	10회기	부인	개별 상담
	조정성립	판사, 부부	

2) 상담 내용

(1) 상담 초기(1~3회기)

- 1회기는 어떤 상담에서든 중요하지만 가사상담에서는 특히나 더욱 중요하다. 1회기 상담 장면에서 내담자가 표현하는 언어적·비언어적인 표현들은 곧 이혼 소장에 적은 표현이고 향후

상담할 내용과 목표를 말하고 있기 때문이다. 1회기 때 부부는 잔뜩 긴장된 태도로 상담에 임하였다. 부인은 일찍부터 나와 딸이 남편과 마주치지 않게 서로 분리해서 상담을 진행시켜 달라고 요구하였다.

분리 상담을 요구할 경우

종종 첫 회기부터 분리 상담을 요구하는 경우가 있다. 상담가가 알고 있는 사전 정보로 분리 상담의 요구를 이해할 수도 이해하지 못할 수도 있다. 하지만 분리 상담을 요청할 경우에는 일단 요청을 들어주고 이유를 묻는 것이 좋다. 내담자만의 분명한 이유가 있기 때문이다. 이유가 지나친 우려 때문이라면 적절히 설명해 준 후 함께 상담하고, 그럼에도 분리를 원한다면 분리를 원하는 그 감정을 탐색하는 것이 내담자를 이해하는 데 도움이 될 것이다. 내담자의 행동과 요청은 언제나 내담자를 나타내 주는 표현이다. 상담가의 유연하고 노련한 대처가 요구된다. 상담의 구성을 일률적인 방식이 아닌 융통성 있게 '개별 상담'과 '대면 상담'을 병행하여 진행할 필요가 있다.

- 부인은 성폭력 가해자로 의심받던 남편이 무혐의 처분을 받은 것을 불편해 하였으며 여전히 남편을 가해자로 확신하고 있었다. 그런데 부인은 말하는 중간 중간에 성경을 인용하며 "심판받을 것이다. 하나님은 다 알고 계신다."라고 자신의 답답한 심정을 표현하곤 하였다. 불안정해 보였다.
- 반면에 남편은 차분한 태도로 성폭력 고소 사건이 무혐의로 결정 났음을 강조하였다. 하지만 표정이나 말은 차분한 데 반해 다리를 계속 떨고 자신의 손을 만지작거렸다. 부인의 말에 반

응하지 않았으며 태연한 표정으로 했던 말을 반복하며 더듬곤 하였다. 또한 아무렇지도 않게 부인이 오해를 풀면 다시 같이 살고 싶다고 말하였다.

- 아들과의 면접교섭을 실시하였다. 딸과의 면담에서 딸은 상담가와 눈을 마주치려 하지 않고 엄마의 지시 사항에 순종적으로 따르는 모습이었다. 오랜만에 만난 동생이 반가운 듯 동생이 하자는 대로 하였다. 아들은 오랜만에 엄마를 만났는데도 천진난만하게 마냥 좋아하며 엄마에게 안겼다. 아들이 상담실에 아빠와 왔을 때 엄마와 누나를 만날 수 있는 시간을 가졌다. 엄마가 아들을 안으며 눈물을 흘렸다. 보육원에 데려다 준 후 처음 만난다고 하였다. 눈물바다가 되었다.
- 이 부부의 이혼 청구 사유는 성폭행과 연관되어 있었다. 부부가 이혼하게 되는 사유를 다루지 않고 가사상담을 진행할 수는 없었다. 자녀들도 이로 인해 현재 부모와 분리되어 있었다. 성폭력의 진위 여부를 다루어야 했다.
- 그리고 향후 이혼하게 될 경우 아들에 대한 양육과 면접교섭을 어떻게 할 것인지에 대해서도 고민해야 했다. 부인은 아들을 '가해자의 아들'이라고 표현하면서 양육할 자신이 없다며 포기하려 하였다. 하지만 아들의 입장을 고려할 때 그렇게 간단한 문제가 아니었다.

부모 중 어느 한쪽이 자녀 양육을 포기하겠다고 할 경우

부모의 입장에서 자녀를 포기하는 경우에는 여러 이유가 있지만 보통 상대방에 대한 미운 감정을 자녀에게 투사하는 경우가 많다. 하지만 이런 부모의 무자비한 공격으로 여린 자녀들은 만신창이가 되고 만다. 말로 표현하지 못하는 자녀의 입장에서 상담가가 부모와 대화를 시도하고 설득해야 한다. 부모가 자신의 아픔 때문에 자녀를 볼 수 없는 상태에서는 제대로 자녀를 볼 수 있도록 상담가가 도와야 한다.

- 1~3회기 정도의 초기 상담 과정을 마쳤지만 상담의 목표를 정하는 데 상당히 어려웠다. 성폭력 사건이 무혐의로 결정이 났지만 부인의 말을 들어 보니 남편이 가해자로 의심이 들기도 했고 또 한편으로는 남편이 말한 대로 부인이 지나치게 종교에 심취하여 왜곡되게 말하는 것도 같았다. 부모 자녀의 관계를 관찰하였을 때 딸은 엄마와 친밀한 관계가 아닌 것 같았으며 아빠를 만나는 것도 무서워하였다. 아들은 오랜만에 만난 엄마인데도 엄마를 와락 껴안았고 엄마도 아들의 얼굴에 비비며 우는 등 보통 엄마의 모습으로 돌아갔다. 두 사람의 주장을 있는 그대로 받아들이면 누군가 한 명이 거짓말을 하고 있는 것이다.
- 하지만 상담가가 누가 거짓말을 하는가에 집중하지 않고 절박한 상태의 내담자로서 수용하고 관찰하자, 부부의 공통적인 감정을 찾게 되었다. 부부는 10개월간의 싸움으로 지칠 대로 지쳐 있었고 평화롭던 가족에 이런 일이 생긴 것에 대해서 상당히 낙담하고 있었다. 이러한 내담자의 심정을 바탕으로 상담가는 두 사람 중 누가 옳은지를 판단하는 입장이 아닌 가족의 부

적응적인 문제 상황 앞에 놓인 내담자를 상담하는 입장으로서 역할을 재정비하였다. "내담자는 자신의 문제를 해결하기 위해 충분히 기능할 것이다."라는 로저스의 내담자 중심의 상담 기법을 바탕으로 남편·부인과 충분한 신뢰 관계를 맺는 데 더 집중하였다.

- 부인에게는 믿었던 남편이 엄청난 일을 벌인 것에 대한 분노감을 공감해 주고, 남편에게는 자신이 가해자로 지목받게 된 것에 대한 억울함을 공감해 주었다. 이러한 공감은 부부에게는 차츰 자신의 지난 결혼 생활이나 가족 이야기를 하게 하였고, 상담가로서는 그 당시 정황이나 부부의 성격적 특성에 대해 전문가의 시각으로 다시 검토하는 기회를 얻게 하였다.
- 두 사람 모두 시원하게 자신의 억울한 심정을 이야기할 데가 없었던 듯 보였다. 그러한 상담 과정에서 상담가는 부부 각자의 말이나 행동, 감정 표현 등에서 일관성이나 진솔성에 대해 관찰할 수 있었다.
- '10회기 상담 동안 성폭력의 진위 여부를 알 수 있겠는가?'라고 자문해 보았다. 그 답은 '알 수 없다.'였다. 성폭력 진위 확인을 상담 목표로 삼을 수는 없었다.
- "무엇이 제일 힘든가요?"라는 질문을 부부에게 하였다. 두 사람은 지난 10개월 동안 가족이 흩어져 모든 것이 정지된 채로 살아가고 있는 현실이 가장 힘들다고 대답하였다. 모든 것이 파괴된 것에 대해 부인은 남편에게 화가 나 있었고 남편은 오해를 풀고 재결합하자고 하였다. 부인의 분노감을 무시한 남편의 의견이 진솔하게 느껴지지 않았다.

- 엄마는 딸에게도 화가 나 있었다. 딸이 엄마에게 도움을 요청하지 않고 2년여 동안을 비밀로 했다는 것과 "아빠가 나를 많이 사랑해줬다."고 말한 것에 대해 상당히 혼란스러워했다. 배신감과 자책감, 무기력감 등이 복잡하게 엄마를 괴롭혔다.
- 엄마와 딸의 관계를 구체적으로 탐색하기로 하였다. 이혼 여부와 성폭력의 사실 여부와 상관없이 딸에 대한 상담이 필요했다. 앞으로 엄마와 딸이 함께 살아가기 위해서는 두 모녀간의 상호작용이 중요하다고 판단되었다.

(2) 상담 중기(4~8회기)

- 엄마와 딸은 미술치료적 기법을 통한 공동 작업을 하고 서로 그린 그림을 비교하며 현재의 심리를 나누었다. 딸은 큰 도화지의 한 가운데에 경계선을 그려 놓고 그림을 그렸다. 자신만의 영역을 제한해 둔 것이다.

▶ **그림 1** 엄마와 함께 그린 그림
* 큰 도화지에 열 가지 소재를 제시하여 서로 말하지 않고 그리라고 함

- 공동 작업 그림에서 엄마는 자신이 잘 다니는 시골 교회를 딸과 함께 걸어가는 그림을 그렸다(그림 2).
- 딸은 나무를 크게 그린 후 집을 그리고, 홍수가 나서 모두 물에 잠겨 아이가 물에 빠져 죽었다고 하였다(그림 3).

▶ **그림 2** 엄마가 그린 영역

▶ **그림 3** 딸이 그린 영역

- 아이의 그림을 본 엄마는 울기 시작했다. 잠시 후 딸은 고래와 피카츄가 집이 물에 잠기지 않도록 회오리바람으로 건져낸다고 하였다. 상담가가 죽은 아이가 살아날 수 있는 방법을 물었더니 피카츄가 아이를 도와주면 엄마가 그린 그림처럼 평화로운 곳에서 살게 될 것이라고 말하였다.
- 엄마는 기도원 중심의 생활을 하면서 자신의 힘든 것을 많이 의지했다고 한다. 자신이 하는 모든 소송과 조사는 딸을 위한 것인데 왠지 자신이 딸의 마음을 이해하지 못한 것 같다고 말하였다.

- 딸의 그림을 보면서 딸이 얼마나 아프고 괴로웠을지 이해할 수 있고, 그렇기 때문에 자신은 결코 이 소송을 그만둘 수 없다고 하였다.
- 그 다음 시간에는 딸과 자신의 신체에 대한 이미지를 표현하는 신체 본뜨기를 하였다. 현재의 나의 모습(그림 4)을 그리고, 미래의 나의 모습(그림 5)을 그리도록 하였다.

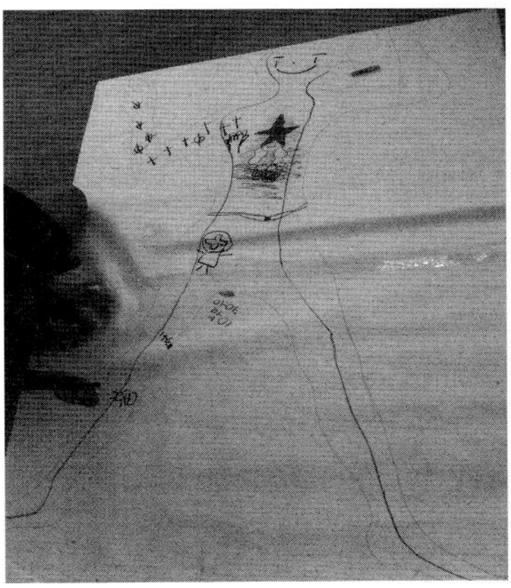

▶ **그림 4** 현재의 나의 모습

"마음에서 피눈물이 나요(빨간색 별이 마음이고 그 밑으로 흐르는 줄기를 피눈물이라고 표현함). 손으로 기도해요. 도와달라고 기도해요. 아파요……" (딸의 그림 설명)

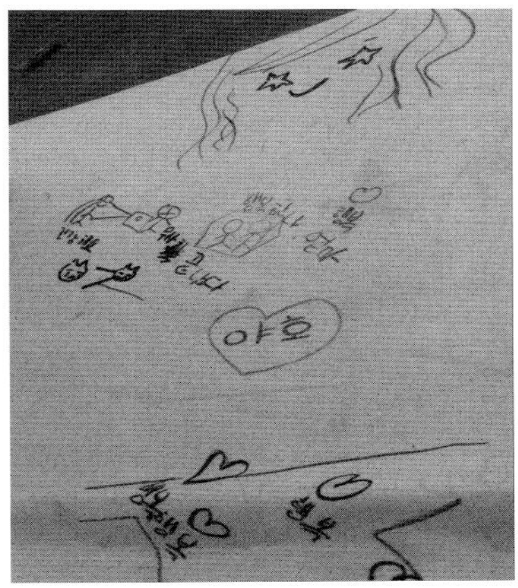

▶ **그림 5** 미래의 나의 모습

"의사 선생님이 '무사히 끝났다! 건강해.' 라고 말해서 엄마와 내가 행복해요. 그리고 아프지 않으니 행복해서 '야호'라고 해요." (딸의 그림 설명)

- 딸에게는 미술치료 기법을 통해 자신의 불편한 감정을 표현하고 자신의 부정적인 인식에서 벗어나 새로운 긍정적인 자아상을 가질 수 있도록 하였다. 처음에 딸은 법원 상담실에서의 만남을 두려워하였으며 상담가와 눈도 잘 마주치지 않을 정도였지만 미술치료 작업을 통해 상담가와의 관계를 안전하게 여겼

다. 4~6회기 상담 과정에서 엄마는 딸이 그동안 많이 소외되었음을 통찰하였다. 자신이 진실에 매달리는 동안 딸이 많이 힘들어 했다는 것을 알게 되었다고 하였다.

- 7회기 때 딸과의 개별 상담에서 딸은 아빠가 "아무에게도 말하면 안 된다."고 하여 정말 무서웠다고 말했다. 상담가는 "그러면 아빠가 제일 무서워하는 사람은 누구일까?"라고 물었다. 그러자 "아빠는 내가 말할까 봐 걱정해요."라고 하였다. 그리고 딸은 "판사님이 저를 만나러 오나요?"라고 물었다. 상담가는 "판사님은 네가 원하지 않으면 너를 직접 만나지는 않으실 거야. 하지만 선생님처럼 네가 행복해지기를 똑같이 기다리고 있어. 너를 어떻게 하면 도와줄 수 있을까 생각하고 있지. 겁내지 마. 모두 네 편이야. 겁내지 마."라고 말해 주었다.

아동·청소년 자녀들은 재판 과정에 참여하는 것에 대한 두려움이 있다. 그렇기 때문에 상담가와 법원이 자녀들을 지지하고 협력하고 있음을 알리는 것은 중요하다. 판사와 상담가가 자녀들과 함께한다는 사실은 자녀들에게 많은 힘을 얻게 한다. 힘든 상황에서 자신을 지지해 주는 진솔한 공감은 문제를 해결하는 중요한 열쇠가 되기도 한다.

- 딸과의 상담을 통해 성폭력 사실이 의심되었으나 확실한 증거로 삼을 수는 없기에 남편에게 "딸이 아빠와 이야기를 하고 싶어 한다."고 말하였다. 남편은 당황스러워하며 "만날 이유가 없다."고 거부하였다. 상담가는 남편에게 만약 당신이 가해자라면 치료를 해야 당신이 원하는 것을 얻을 수 있다고 하였고, 가해자가 아니라면 이혼 후에 자녀들의 양육을 위해서라도 자녀

들과의 관계를 회복하기 위한 노력을 해야 함을 알렸다. 남편은 상담가가 자신을 가해자로 보기도 한다는 것에 서운해 하면서도 가장으로서의 역할에 대해 논의하는 것에는 책임감 있는 태도를 보이려고 노력하였다. 남편은 감정의 동요 없이 차분히 상담에 임하였으며 부인과 함께 살고 싶다는 의견을 지속적으로 표현하였다.

- 부인은 상담 과정 중에 많은 변화가 있었다. 미혼모 상태에서 딸을 낳아 딸이 그냥 힘들게만 느껴졌다고 하였다. 그래도 행복한 가정을 꾸리고 잘 지내왔다고 생각했는데 이런 일이 생겨 많이 좌절했다고 하였다. 딸과의 상담을 통해 '내가 지금 무엇을 하고 있는가? 무엇을 위해 10개월을 매달려 왔는가?'라는 생각을 하며 자신이 남편으로부터 상처받았다고 하였다. 믿고 의지했던 남편에 대한 상실감이 컸음을 고백하였다. 딸이 상담에서 심리적으로 회복해 가는 과정을 보면서 딸에 대해 좀 더 자세히 알게 되었고 딸보다 자신의 고통에 더 집중해 있었음을 깨달았다고 하였다. 상담 후 부인은 딸을 보육원에서 데려와 딸과 함께 생활하였다

- 엄마가 상담을 마치며 한 상담 소감

"처음엔 캄캄했어요. 남편이 이혼소송까지 걸었다니 정말 더 캄캄했어요. 하지만 이제는 제가 해야 할 일들이 보여요. 아이를 위해 일을 하고 돈을 벌어 양육해야 하는 것이 기뻐요……. 예전에는 사건에만 매달려 얽매였지만…… 지금은 털어요. 털어낼 수 있어요. 너무 편해요. 아이가 저렇게 좋아지니까 아이를 위해서라도 해야 할 일들이 보여요. 제 마음에 새싹이 나는 것 같아요. 아이가 예전보다 더 밝아졌어요……."

(3) 상담 종결(9회기~조정 성립)

- 가사상담실에서는 상담이 진행 중이었고 상담실 밖에서는 지속적으로 경찰서, 검찰에서의 조사와 거짓말 탐지기, 재판 등이 계속 이어졌다. 상담 일정도 검찰의 조사 날짜와 겹치지 않게 조심스럽게 조정해 나갔다. 이러한 복잡한 과정의 사건이 가사상담과 동시에 검찰에서도 종결되었다.

- 부인은 검찰에서 있었던 일을 말해 주었다.

  "명예훼손으로 고소되어 검찰청에 갔는데 우리 아이도 불렀어요. 근데 우리 아이에게 조사관이 자꾸 질문을 하니까 아이가 엉엉 울며 '왜 나를 안 믿어 주나요?'라고 억울해 했어요. 딸이 결국 그 자리에서 아빠를 만나게 되었어요. 하지만 딸이 아빠를 무서워하지 않고 '아빠는 왜 아직도 거짓말을 해! 나는 진실을 말하는데 왜 거짓말을 해!'라고 하자 남편은 눈을 크게 부릅뜨며 무섭게 쳐다보았어요. 그런데도 조금도 기가 죽지 않고 '했잖아! 아빠가 했잖아!'라고 당당하게 말하는 거예요. 저는 그 모습을 보고 이제는 됐다는 생각을 했어요. 그 일이 있은 후 남편이 합의서에 대해 이야기했어요."

- 합의서를 변호사와 같이 작성하였다며 사본을 가져왔다. 그러면서 재판 날짜를 당장은 잡지 말아 달라고 부탁하였다. 그전에는 하루라도 빨리 재판을 끝내고 싶은 심정뿐이었지만, 최근에는 시골에 있는 아들이 걱정되어 아들 문제를 좀 더 생각하고 싶다고 하였다. 이제는 아들이 가해자의 아들로 보이기보다는 가여운 아들로 보이기 시작한 것 같았다. 향후 더 많은 시행착오와 고민을 해야겠지만 엄마는 딸을 다시 찾은 것처럼 다시 아들을 찾기 위해 노력할 것이라는 생각이 들었다.

(4) 상담을 마치며

처음 상담을 시작했을 때 힘들었던 점은 혼란스럽고 정신없어 보였던 엄마에 대한 마음이었다. 하지만 상담을 마치면서 느낀 엄마는 내면의 힘이 강한 엄마였다는 점이다. 혼란스러움과 갈등은 어쩌면 그 상황을 포기하지 않고 이겨내 보려고 하는 노력일 수 있다는 것을 본 사례를 통해 깨닫게 되었다. 마음의 갈등은 나아지려는 노력이다.

상담 과정을 요약하면, 엄마가 자신의 고통을 표현하면서 딸의 호소가 들리고 엄마가 딸의 고통감을 공감하는 과정이 자신과 딸을 치료해 가는 과정 그 자체였다. 상담가는 상담할 수 있는 공간과 시간을 마련해 주고(이 부분은 법원이 마련해 준 것이 더 정확한 표현이다.) 내담자의 이야기를 판단하지 않고 들어주면서 상담의 목표와 방향을 잘 잡아주는 것일 것이다. 상담을 마칠 때 부인은 '성폭력 가해자로 남편을 지목하고 법적인 처벌을 받게 하는 것'보다 '딸과 빨리 일상생활을 되찾는 것'이 더 중요하다고 말하였다. 그리고 아들도 만나겠다고 하였다. 우리의 삶에서 잊어야 할 사건이 잊혀지지 않는 것은 마음이 그만큼 아프다는 증거일 것이다. 하지만 우리가 같이 살아내야 하는 숙제 앞에서 우리는 선택을 해야 한다. 부인이 자신을 그렇게 아프게 했던 성폭력 사건에 관한 이야기보다는, 딸의 전학과 이사, 자신의 직장 이야기를 하며 마지막 소감을 전하는 것을 보고 상담가는 가족에겐 스스로 문제를 해결해 나가는 힘이 있음을 다시금 믿게 되었다. 상담가로서도 더없이 보람된 사례였다. 행운을 빈다.

3) 특수한 사례를 접하면서

일반적인 사례는 부부가 이혼 자체에 대한 심리적인 부담감으로 인해 재판을 빨리 끝내고 싶어하지만, 이혼 후 생활의 중요한 부분인 양육권, 재산분할, 양육비, 면접교섭 문제를 마무리 짓기 위해 지루하고 힘든 소송을 어쩔 수 없이 견뎌 내는 과정을 다루는 사례로 볼 수 있다.

특수한 사례로는 가족 내 성폭력·가정폭력·아동학대로 인한 피해가 심각한 경우와 다문화가족에서 한국 국적을 취득하지 못한 부모가 이혼 판결로 본국으로 쫓겨나 자녀들과도 기약할 수 없는 이별을 해야 하는 경우가 있다. 이혼이 주 쟁점이 아니다.

이혼에 대한 부담감을 돌아보기는커녕 양육권, 재산분할, 양육비, 면접교섭조차 합리적으로 생각할 상황이 아닌 경우가 많다. 구체적으로 말하자면 심각한 가정폭력 피해를 호소하는 가족은 이혼 자체가 피해 가족의 신체적인 위협과 생명에 대한 안전을 확보하기 위한 최후의 수단이 되기도 한다. 다문화가족은 사례에 따라 다르긴 하지만 재판의 승소 여부는 자신이 한국에서 계속 살 수 있느냐 없느냐, 자녀를 평생 못 볼 수도 있느냐 없느냐를 결정하는 요인으로 작용하기도 한다. 친밀한 가족 관계 내에서 성폭력 피해 혹은 이로 의심되어지는 사건들은 온 가족이 심각한 심리적 외상을 경험하고 있다고 해도 과언이 아니다. 하지만 법적인 절차나 과정에서는 특수한 사례의 가족에 대한 이중적인 고통을 인식하더라도 그 특별한 상황을 고려하고 배려해 주기는 어렵다. 경험으로 보면 지금까지 처리해 왔던 것처럼 관례적으로 또는 당사자들이 원하는 정도에서 크게 벗어나지 않는 선에서 판결하는 것을 선호한다.

하지만 상담가가 명심해야 할 것이 있다. 특수한 사례의 가족에게 이혼은 단순히 부부간의 이별만을 의미하지 않는다는 것이다. 그럼에도 불구하고 현실에서는 오히려 더 이상 고민할 필요가 없을 정도로 이혼 사유가 명백한 부부로 받아들여지면서 다른 일반 가정보다 더 빨리 재판이 진행되어 미처 이혼에 대한 준비도 되지 않은 상태에서 사건이 종결되어 버린다.

그러한 가족에게 재판이 빨리 진행된다는 것은 배고픈 상태에서 물도 없이 급하게 먹는 떡과 같다. 곧 목이 메어 위험한 상황이 올 확률이 높다. 이런 위험이 있음에도 불구하고 법원은 아무런 심리적 지원도 없이 일단 이혼 사유에 따라 재판을 진행하고 있는 것이 현재 실정이다.

특수한 사례의 경우 이혼 사유 외에 이혼 후의 준비와 관련해서 개입하기가 상당히 난해하고 당사자들 또한 상담에 대한 저항이 심하다. 법원 관계자들 혹은 상담가들 사이에서도 특수한 사례를 다루며 '법원이 개인의 삶을 어디까지 책임져 줄 수 있나?'라고 반문하며 가사재판에서 상담이 어디까지 개입해야 하는지 혼란스러워한다. 그러나 법원이 가사상담을 통해 이루고자 하는 목표는 개인의 삶에 대한 선택에 개입하고 관여하는 것이 아니라, 이혼 당시에 부부와 자녀의 복리를 위해 꼭 고려해야 할 점들을 당사자들에게 효율적으로 제시하고 제안하는 것이다. 가사상담의 목표는 일반적인 사례든 특수한 사례든 공평하게 적용되어야 한다. 특수한 사례의 가족도 부모 자녀로 이루어져 건강하게 살아가야 할 우리의 가족이기 때문이다.

가족의 현안 문제가 속속들이 드러나는 이혼소송 과정에서 가족 문제를 충분히 다루지 못하고 분리된다면 부부와 자녀의 복리에 직접적인 영향을 미치는 핵심 문제는 결코 다시는 밖으로 드러내지 않고 역기능적인 문제를 지속할 것이다. 그리고 결국에는 다음 세대에 대물림되는 아픔으로 이어지면서 끝이 나지 않을 것이다. 따라서 복잡하고 다루기 힘든 특수한 사례일수록 가사상담에서 좀 더 전문적으로 접근해야 할 것이다.

특수한 사례에 해당하는 가족은 비록 겉으로 드러나는 모습은 이혼소송이기는 하나 실제 내용은 이혼 못지않은 중요한 해결 과제들로 힘들어하고 있는 가족이다. 부부와 자녀의 복리 증진을 도모하는 가사상담의 목표를 이루기 위해 특수한 사례의 경우에도 좀 더 현실적이고 구체적인 개입이 필요할 것이다.

2 다문화가족 상담

> 이주 여성이 집을 나가 3년 동안 자녀를 만나지 못하고, 이혼소송을 통해 자녀의 친권 · 양육권 청구를 한 사례
> "엄마는 비행기가 못 떠서 나를 만나러 오지 못한대요."

1) 다문화가족 상담 상황

(1) 판사의 상담 촉탁 사항

- 실제 주 양육자가 누구인지 궁금하다.
- 면접교섭은 제대로 행해지고 있는지 궁금하다.
- 아이가 외국에 있는 경우에는 상담하는 과정에서 부부 스스로 한국에서 주거 확보를 하도록 도와주어야 한다.
- 외국인 배우자가 한국에 체류할 수 있도록 한국인 배우자가 협조하도록 한다.

(2) 상담가의 유의 사항

- 다문화가족에 대한 이해가 선행되어야 한다.
- 다문화가족에 대한 편견과 차별에 대한 선입견을 체크한다.
- 상담가와 외국인 배우자가 언어 문제로 의사소통이 잘 되지 않을 경우 통역인을 잘 활용한다.

- 원가족이 주 양육자인 경우가 많으므로 그 실제 주 양육자를 상담에 참여시킨다.
- 외국인 배우자의 원가족, 결혼 경험, 결혼 동기 등이 현재 이혼 사유에 어떠한 영향을 미치는지 확인한다.
- 외국인 배우자의 국적 취득 여부와 자녀 양육 환경 등을 살펴본다.

2) 상담 전 상황

(1) 상담 의뢰 경위

소미 엄마가 이혼 청구를 하면서 소미에 대한 양육을 주장하였다. 현재 소미는 6세 여자 아이이다. 소미 엄마는 베트남 여성이고 소미가 2살 때 집을 나갔다. 그동안 소미는 한 번도 엄마를 만난 적이 없었다. 부부의 합리적인 의사 결정과 소미의 주 양육 및 면접교섭에 관한 협의, 원조 등을 위해 상담이 의뢰되었다.

(2) 가족 상황

- 소미 아빠: 회사원(48세)
- 소미 엄마: 식당 종업원(28세)
- 소미: 유치원생(여, 6세)

- 엄마의 주장은 이렇다. 결혼할 때 남편은 자신이 한국에서 부자로 살고 있으며, 결혼하고 나면 친정인 베트남에도 자주 가

고 도와줄 수 있다고 하였으나 결혼 후 시가 식구들과 함께 살면서 자신을 몸종처럼 대우하고 잠자리만 강요하였다. 시어머니, 작은 아주버님의 가족과 함께 생활하였는데 모든 가족들이 자신이 한국말에 서툰 것에 대해 무시하였다. 또한 베트남 사람들 모임에 참여하고 늦게 집에 들어오자 그때부터 시가 식구들의 트집과 폭행이 시작되었다. 특히 작은 아주버님의 폭행이 심하였다. 결국 부인은 견디다 못해 집을 나왔다. 그때는 도망치듯 나오느라 창문으로 나올 정도로 무서웠었다고 한다.

- 아빠는 지적장애가 있어 언어가 다소 어눌하고 사고가 느렸다. 자신의 의견을 직접 밝히지 못하였으며 재판할 때 소미의 작은엄마가 참석하여 "우리 아주버님은요"라며 집안 상황 및 소미 아빠의 상황 등을 설명해 주었다.

- 소미는 현재 어린이집을 다니고 있고 친할머니, 작은아빠, 작은엄마, 사촌 언니와 함께 살고 있다. 작은아빠와 작은엄마는 다른 도시에서 크게 의류 가게를 하고 있어서 소미의 양육은 주로 할머니가 담당하고 있다. 소미는 중학생인 사촌 언니와 한 방을 사용하고 있다. 친엄마의 존재에 대해서는 '외국에 공부하러 가서 집에 없다.'고 알고 있다. "왜 외국에 있는 엄마는 나를 보러 오지 않느냐?"고 소미가 물었을 때 가족들은 "비행기가 뜨지 못해 엄마가 아직 소미를 보러 오지 못하고 있다. 비행기가 뜨면 엄마는 소미를 보러 올 것이다."고 하여 소미는 그렇게 알고 있다고 한다.

(3) 상담 목표

- 현재 자녀의 욕구를 최대한 반영할 수 있는 바람직한 양육자 찾기
- 오랫동안 만나지 못했던 엄마와 자녀의 면접교섭 훈련
- 부부가 이혼하더라도 부모 역할을 지속적으로 수행할 수 있도록 돕기
- 다문화가족의 현안 다루기(현재 주 양육 부모의 심리 상태 파악 및 지지, 다문화가족의 문화적인 격차로 인해 발생하는 부부간의 갈등・양육 갈등을 해결하고 바람직한 부모 역할 등의 지원 등이 지속적으로 연계될 수 있는 정보 제공)

- 상담가는 상담 전 상황을 파악한 후 상담 목표를 설정한다.
- 다문화가족의 상담 진행 시 자녀가 엄마의 본국(외국)에 있는 경우가 종종 있다. 그래서 아빠는 부인이 일방적으로 자녀를 빼돌려 만나지 못하고 있다고 더욱 분노하기도 한다. 이런 경우 엄마에게 자녀를 한국에서 양육할 경우의 불안감을 물어보고 그 해결책(자녀와 거주할 집, 생활비, 양육 보조자)을 아빠와 함께 찾도록 한다. 그리고 판사나 가사조사관과 상의하여 자녀를 한국으로 귀국시키도록 하는 조치(예: 아이가 귀국할 때까지 재판 중지)를 취한다. 그리고 상담 과정에서 양육 · 면접교섭 문제를 협의한다.

---

3) 상담 과정

(1) 상담 초기(1회기~2회기)

1회기 목표	• 현재 아동의 심리 상태 파악하기 • 부모 각자의 물리적 환경 및 욕구 파악하기

상담 전 상담가는 법원 촉탁 사항을 접한 후 상담의 목표를 설정한다. 그런데 법원 상담의 특성상 여러 예상치 않은 일들이 일어나기 마련이다. 특히 1회기 상담에서는 비자발적인 상담 동기로 인한 내담자들의 불참이 많다. 그러므로 회기별 상담 목표는 상담 상황에 따라 융통성을 발휘하는 것이 필요하다.
1회기 만남을 가질 때 법원에서 직접 가족들과 상담가에게 연락을 취하는 경우도 있고, 법원에서 촉탁 사항을 우편이나 이메일을 통해 상담가에게 보내 상담가가 직접 연락을 취하는 경우도 있다. 상담가가 직접 연락을 취하는 경우에는 현재 상태 그대로 만남을 가지는 것이 좋다.
※ 예를 들어 엄마와 자녀가 함께 살고 있고 아빠는 떨어져 지내고 있다. 그럴 경우 엄마와 자녀를 함께 만나고 아빠는 따로 상담가와 만나도록 상담 회기를 구성하여 현재 자녀의 심리 상태를 면밀하게 파악하는 것이 좋다.

◎ 부모와 소미 모두 상담에 나오지 않고 소미의 작은엄마만 출석하였다. 작은엄마는 소미 엄마를 비난하였다. "소미 엄마는 소미가 돌이 되던 해에 바람이 나서 집을 나간 사람입니다. 3년 동안 딸을 한 번도 보러 오지 않은 사람이 이제 와서 뻔뻔하게 딸을 찾는다는 것이 이해가 되질 않습니다. 그리고 우리 가족들이 소미 엄마를 폭행했다고 하는데 폭행한 게 아니에요. 소

미 엄마가 한국말이 서툴러 우리가 같은 말을 여러 번 반복하다 보면 아무래도 언성이 높아지죠. 그리고 소미 엄마가 베트남 사람들 모임에 나가기 시작하면서부터 자꾸 귀가 시간이 늦어져 우리가 '어디에 있다가 늦게 오는지 말하라.'고 하면 대답을 하지 않는 거예요. 그래서 대답 좀 하라며 소미의 작은아빠가 소미 엄마 머리를 몇 번 쥐어박은 적이 있어요. 그것을 소미 엄마는 부풀려서 폭행을 당했다고 소장에 적어 놓았더라고요. 아마 무슨 꿍꿍이가 있을 겁니다. 현재 소미는 친할머니, 나와 남편, 그리고 우리 아이와 함께 잘 살고 있어요. 실제로 소미를 길러 주는 사람은 시어머니(소미의 친할머니)입니다. 우리는 소미 엄마만 생각하면 화가 나서 소미에게 '너희 엄마가 도망갔다.'고 말하고 싶지만, 소미의 교육 문제 등을 생각해서 참고 '엄마가 외국에 유학을 갔다.'고 이야기했어요. 소미가 가끔 엄마가 왜 자기를 보러 오지 않느냐고 물으면 비행기를 타지 못해 오지 못하고 있고 언젠가는 꼭 올 것이라고 이야기해 준 적도 있어요."

부모 중 한쪽에서 상대방이 부모로서의 적합성이 부족하다는 것을 이렇게 도덕적인 부적합성(바람이 나서 집을 나간 여자다. 3년 동안 한 번도 아이를 보러 오지 않았다. 엄마(아빠)의 직업이 무술인이다. 엄마가 담배를 피운다. 아빠가 술을 많이 마신다. 아빠는 주말에 잠만 자느라 사는 동안 한 번도 아이와 놀아 준 적이 없다. 잠이 많아 아이의 밥을 제대로 차려 준 적이 없다. 시댁 행사에 한 번도 참여한 적이 없다 등)에 빗대어 이야기하는 경우가 많다. 이때 상담가는 고민에 빠진다. 상담가의 발언 하나하나에 촉각을 곤두세우고 논란의 소지로 삼으려 하는 경우도 있다. 하지만 부모의 비도덕적인 문제와 그것이 자녀 양육에 직접적으로 또는 상당한 관계가 있는가는 별개로 생각해야 한다. 상대방에 대한 징계로써 자녀와의 단절을 요구하며 상대방을 깎아 내리고, 자신의 양육 적합성을 주장하는 것은 진정한 부모의 역할이 아니기 때문이다.

- 상담가가 작은엄마에게 소미 아빠와 소미가 나오지 않은 것에 대해 묻자 "소미 아빠는 현재 팔목 수술을 하여 나오지 못했고, 소미는 아예 데리고 올 생각조차 하지 않았다."고 하였다. 상담가는 작은엄마에게 자녀 상담의 목적에 대해 설명하고 다음 회기에는 소미 아빠와 소미가 반드시 참석할 수 있도록 협조해 달라고 부탁하였다.

이와 같이 가사상담은 비자발적 상담의 특징이 강하기 때문에 상담 첫 회기부터 내담자들이 출석하지 않는 경우가 있다. 이때는 판사나 조사관을 통해 출석을 독려하거나 상담가가 직접 내담자와 통화하여 출석을 독려해야 한다. 내담자들이 상담 목적을 오해해서 나오지 않거나 아이를 법원에 데려와야 한다는 부담감 때문에 나오지 않을 수도 있다. 상담가는 출석하지 않은 내담자와 통화하는 기회를 이용하여 라포 형성을 하는 현명한 태도도 필요하다.

- 작은엄마는 실질적으로 소미 가족의 대변인인 듯했다. 그리고 돌아가신 소미의 친할아버지와 지적장애가 있는 소미 아빠를 대신하여 소미의 작은아빠가 실질적인 가장 역할을 하고 있었다. 소미는 태어나면서부터 친아빠와 친엄마보다는 할머니, 작은아빠와 작은엄마의 양육 지원을 받은 것이다. 할머니와 작은집 가족들은 '자녀는 양육의 대상일 뿐이고 양육의 주체는 부모이기

때문에 자녀의 의사는 중요하지 않고 부모, 즉 성인들끼리 양육 문제를 협의하면 된다.'는 생각이 지배적이라는 것을 알 수 있었다. 그렇다면 실제 소미 가족의 이혼 과정 및 이혼 후의 안정적인 설계를 위해서는 구체적으로 소미의 양육을 담당하고 있는 소미의 할머니, 작은엄마와 작은아빠 그리고 소미의 사촌 언니까지 상담 과정에 참여시켜야겠다는 생각이 들었다.

이렇듯 다문화가족이면서 이혼 상담을 법원에서 진행할 때, 자녀 상담은 자녀의 복리를 가장 우선순위의 상담 목표로 정해야 하는데 이것은 수학 공식처럼 고정되어 있지는 않다. 그렇기에 어쩌면 상담가의 고민과 고통의 동반이 필수적이라고 할 수 있다.

- 상담가는 소미 엄마에게 전화를 걸었다. 소미 엄마는 한국어를 듣고 이해하는 데는 시간이 다소 걸렸지만 크게 무리는 없었고, 다만 다양한 단어 사용에는 어려움이 있었다. 전화로 상담에 참석하지 않은 이유를 물었더니 상담 시간을 잘못 알았다고 했다. 다시 한 번 정확하게 다음 상담 시간을 알려주고 꼭 참석하도록 안내하였다.

자녀를 상담하는 경우

법원에 아이를 데리고 오는 것에 대한 거부감, 상담에 대한 편견 등으로 인해 첫 회기에 불참하는 가족들이 많다. 특히 자녀를 데리고 오지 않는 경우가 많다. 법원 상담실에 아이를 데리고 오라고 하면 부모가 "아이를 법원에 데리고 온 다음에 아이에게 일어날 일에 대해서 법원이 책임을 질 겁니까?", "지금 아이는 나와 잘 살고 있는데 지금까지 몇 년 동안 한 번도 아이를 보러 오지 않은 저 사람을 왜 만나게 해서 아이를 혼란스럽게 만드는 겁니까? 아이에게 무슨 일이 생기면 법원에서 책임질 겁니까?"라며 항의하는 경우가 많다. 이때 상담가는 "지금 ○○씨는 자녀가 잘못될까 봐 몹시 불안하시군요. 그렇게 불안한 마음을 느끼는 것은 당연해요. 그래서 제가 ○○씨의 자녀를 위해 그 불안한 마음을 도와주려고 하는 겁니다."라고 부모의 마음을 공감해 주며 대화를 나누어야 한다. 그리고 이혼은 부모만의 문제가 아니기 때문에 자녀를 법원에서 만나는 절차는 상담 절차에서든 가사조사 절차에서든 꼭 필요한 절차라고 안내해 주어야 한다.

2회기 목표	• 현재 아동의 심리 상태 파악하기 • 부모 각자의 물리적 환경 및 욕구 파악하기 ※ 상담에 참석한 내담자에 따라 융통성 있게 재구조화한다.

- 소미 엄마는 상담에 참여하였으나, 소미 아빠와 소미가 또 참석하지 않았다(나중에 전화하여 물어보니 상담 시간을 잘못 알았다고 한다).
- 어떻게든 시간을 지연시키고 싶어 하는 남편 쪽 가족의 방어가 느껴졌다. 또한 나중에 소미 아빠가 상담에 참여하면서 알게 된 사실이지만 소미 아빠는 소미 엄마에 대한 그리움이 있었다. 그래서 남편 쪽 가족은 그러한 소미 아빠의 마음을 상담가가 눈치챌까 봐 상담 장면에 소미 아빠를 참여하지 않도록 한 것이었다. 소미 엄마는 시어머니, 남편, 작은 아주버님, 작은 동서가 무서워 집을 나왔다고 하였다. 집을 나와 살면서 소미가 보고 싶어 몇 년 전 이혼 청구를 하였는데 마음이 정리되지

않아 진행하지 못하였다고 한다. 그러나 소미가 너무 보고 싶어 다시 이혼 청구를 했다고 말하였다. 자신은 베트남 출신인데 남편과는 이혼을 하겠지만 소미는 정해진 시간에 규칙적으로 만나면서 지내고 싶다고 하였다. 만약 자신에게 소미의 양육을 맡긴다면 자신은 얼마든지 소미를 키울 수 있다고 하였으며 현재는 어느 도시 식당에서 일하고 있다고 했다. 소미 엄마는 통역사와 함께 상담에 임하였다.

보통 한국 배우자는 가족들과 무리 지어 오는 경우가 많다. 한국 배우자가 지적 · 경제적으로 능력이 되지 않아 조부모 혹은 친인척들이 자녀의 양육에 많이 가담하고 있으며, 아직 원가족과 심리 · 환경적으로 분리되지 않은 남편들도 많다. 따라서 이주 여성인 경우 수적으로 열세인 점을 모면하고 낯선 상황에 자기편이라고 느낌이 드는 사람을 대동하고 싶어 하는 심리적인 요인이 강하다. 그러므로 통역사와 함께 상담이 진행되는 것에 대한 상담가의 준비가 필요하다. 즉, 통역사에게도 상담의 취지, 상담 과정에 대한 자세한 안내가 필요하다. 여느 상담도 마찬가지겠지만 다문화가족 상담에서는 상담가의 집중과 노력이 더욱 요구된다고 할 수 있다.

(2) 상담 중기(3회기~5회기)

3회기 목표	• 아동과 상담가의 놀이 관찰을 통해 아동의 심리 상태를 보다 면밀히 파악하기 • 아동과 아빠, 아동과 친엄마와의 놀이 관찰을 통해 아동과의 상호작용의 질을 파악하기 ※ 상담에 참석한 내담자에 따라 융통성 있게 재구조화할 수 있다.

- 소미는 작은엄마와 함께 상담에 참석하였으나, 친부모는 참석하지 않았다(나중에 소미 엄마에게 전화로 연락하였더니 또 시간을 잘못 알았다고 하였다).
- 소미 엄마 역시 소송을 시작하긴 하였으나 시가에 대한 두려움이 크기 때문에 상담 시간에 대해 무의식적으로 연기하고 싶어 하는 양가감정을 읽을 수 있었다.
- 소미가 지금의 상황을 어느 정도 인지하고 있는지에 대해 알아보고자 상담가가 소미에게 "여기 함께 온 할머니, 작은엄마가 어디에 간다고 설명해 주었니?"라고 질문했다. 그러자 소미는 "그동안 비행기가 고장이 나서 나를 보러 오지 못한 엄마가 비행기가 출발하게 되어 나를 보러 왔다고 해서 만나러 온 거예요"라고 대답하였다. 상담가가 "기분이 어떠니?"라고 묻자 소미는 "엄마를 만나게 되어 좋아요"라고 하였다.
- 소미는 여섯 살, 자신의 연령에 적합한 발달을 보이고 있었다. 언어를 이해하고 표현하는 능력은 다소 앞선 듯하였다. 심리적으로는 엄마에 대한 근원적인 그리움이 자리 잡고 있었고, 어른들 속에서 '착한 아이', '말 잘 듣는 아이', '아빠를 돌보는 아이', '엄마 없이도 바르게 크는 아이'라는 수식어에 맞게 행동하고자 하는 어른스러움을 보였다. 놀잇감이 있는 방에서도 눈은 휘둥그레지는데 몸은 가만히 있었다. 상담가가 소미에게 '무엇이든 만져도 되니 놀잇감을 모래상자로 가지고 와서 소미가 꾸미고 싶은 세상을 꾸며 보자'고 말해도 한동안 웃으면서 가만히 보고만 있었다. 그러다가 차츰 놀잇감 앞으로 가서 만져보기 시작하였다.

- 현재 작은아빠와 작은엄마는 큰 의류 가게를 하느라 바빠 일주일에 한 번 정도 집에 오고, 아빠는 아침에 일찍 나가 늦게 집에 들어오기 때문에 소미는 주로 할머니, 사촌언니와 함께 지내고 있었다. 할머니는 소미에 대한 칭찬을 많이 하였고, 자신과 가족은 모두 소미를 아끼며 무엇이든 소미에게 도움이 되는 것을 하고자 한다고 말하였다. 상담가는 소미 할머니의 그러한 손녀 사랑을 충분히 지지했다.
- 엄마를 만난다는 기쁨을 안고 온 소미는 결국 첫날 엄마를 만나지 못했다. 상담가는 소미에게 상황을 설명해 주며 다음 만남에는 반드시 엄마가 참석할 것이라고 안내해 주었다. 또한 현재 소미가 섭섭해 하는 마음에 대해서도 당연한 마음이라고 지지해 주었다.
- 또한 소미 할머니와 작은엄마에게도 소미 엄마의 불참이 심리적으로 현재 시가 식구들을 만나기 어려워하는 점 때문일 것이라고 상담가의 소견을 설명해 주었다. 그리고 무엇보다도 소미와 친엄마와의 만남을 통해 소미 내면에 근원적으로 자리 잡고 있는 엄마에 대한 그리움을 해소하고 한쪽 부모에게 버림받은 것이 아니라는 것을 소미가 스스로 깨닫게 되었을 때 더욱 건강한 성장을 할 수 있다는 것을 알려주었다.

자녀 상담 진행 시 가장 난감한 시간이다. 자녀는 잔뜩 기대를 하고 오는데 부양육 부모가 나타나지 않을 때, 이때 상담가는 자녀에게 지금 상황에 대해 정확하게 이해할 수 있도록 안내해 주어야 하고, 양육하고 있는 가족에게는 이러한 일이 충분히 일어날 수 있다는 것에 대해 안내해야 한다. 또한 나타나지 않은 부모에게 전화 등으로 접촉하고, 그 접촉이 어렵거나 접촉을 회피할 경우 상담을 의뢰한 판사, 가사조사관에게 재빠르게 보고하여 다음 회기에는 반드시 참석할 수 있도록 조치를 취해야 한다.

4회기 목표	• 아동과 아빠, 아동과 친엄마와의 놀이 관찰 후 피드백하기 ※ 상담에 참석한 내담자에 따라 융통성 있게 재구조화할 수 있다.

- 소미 아빠는 또 참석하지 않았다. 가족들이 일부러 데리고 오지 않는 것 같았다. 소미 아빠가 장애가 있기 때문에 상담가가 소미 아빠를 만나면 소미 양육에 불리한 상황이 될지도 모른다는 생각 때문인 듯하였다. 그래서 상담가는 가족들에게 반드시 다음 회기에 같이 나오도록 당부하였다.
- 상담가는 소미, 소미 엄마와 함께 법원 놀이실에서 만나 서로 자신을 소개하였다. 상담가는 소미 엄마에게 "그동안 자주 오지 못해서 미안하다. 앞으로는 정해진 시간에 잊지 않고 반드시 소미를 만나러 올게."라고 직접 소미에게 이야기하도록 조언하였고, 소미 엄마는 상담가의 조언에 따랐다.
- 상담가는 소미네 가족과 따로 만나, 소미가 건강하고 밝게 자랄 수 있는 것은 누구보다도 할머니의 노력이 컸고, 소미에게 엄마의 존재를 알려준 것은 소미의 건강한 성장에 바람직한 일을 한 것이었다고 지지해 주었다. 그리고 앞으로 소미가 엄마를 정기적으로 만남으로써 자신은 엄마로부터 버림받지 않았

으며 비록 엄마와 함께 살지는 못하지만 정기적으로 만날 수 있다는 기대를 할 수 있도록 하는 것이 소미가 건강하게 성장할 수 있도록 돕는 것이라고 다시 한 번 더 강조하였다. 소미 할머니와 작은엄마는 그러한 상담가의 이야기에 고개를 끄덕였다.

- 자신들이 소미를 잘 키우고 있다는 것에 대한 지지, 그리고 무엇보다도 소미를 사랑하는 마음 안에 소미의 건강한 성장에 대한 바람이 있다는 것을 통찰하게 되면서 소미 가족들은 초기 상담 참여 때에 비해 무척이나 편안한 모습이었다.

상담을 하다 보면 전환점이 느껴질 때가 있다. 가장 큰 전환점은 이렇게 성인 가족 구성원(주 양육 · 부양육 부모, 실제 자녀를 양육하고 있는 친인척 등)의 조망 능력이 증진될 때다. 자신의 입장만 고수하다가 상담가의 개입으로 상대방의 입장에 대해 생각하다 보면 어느 순간 관계의 맥락에서 현시점을 바라보게 된다. 그리고 그 부분에서 문제에 기여하고 있는 자신의 몫을 지각하게 되면서 비로소 의미 있는 변화가 일어나게 되는 것이다. 이때 비로소 성인 가족들은 자녀를 보기 시작한다. 소미에게는 '장애가 있는 그 남자', '이주민 그 여자'가 아닌 '나의 아빠'와 '나의 엄마'인 것이다. 그러한 인식이 소미를 둘러싸고 있는 의미 있는 성인들인 할머니, 작은엄마와 작은아빠에게 생기기 시작하면, 이제 성인들은 비로소 소미를 진정으로 사랑하는 마음에서 무엇을 해야 할지에 대한 구체적인 방안들을 생각하기 시작한다. 그것은 소미에게 친아빠와 친엄마와 함께하는 시간을 통해 그동안 잃어버린 '어린 시절에 부모로부터 받아야 했던 양육의 시간들'을 되찾게 해주는 것이다.

5회기 목표	• 현재 아동의 욕구를 최대한 반영할 수 있는 주 양육자 찾기 • 부양육자가 정기적으로 행해야 하는 면접교섭에 대한 설명 시간 갖기

- 역시 소미 아빠는 참석하지 않았다. 작은엄마에게 모든 사항을 위임하였다고 한다. 그러나 상담가는 다음 회기에 반드시 참석시켜 줄 것을 다시 부탁하였다.

최선의 자녀 복리를 위해 상담 장면에서 주 양육 · 부양육 부모와 자녀가 함께 만나 자녀의 양육과 면접교섭 상황을 협의하는 모습은 자녀에게 몹시 안정감을 주는 시간이 되기 때문에 참여를 적극적으로 독려할 필요가 있다. 그러한 상담가의 신념이 전해질 때 가족들은 더욱 분발하게 된다. 상담가의 노력이 자녀의 미래에 많은 영향력을 미치기 때문에 상담가는 상담 장면에 친부모가 참여하도록 독려하는 일에 지쳐서는 안 된다.

- 상담가는 소미, 소미 엄마와 함께 놀이실에서 즐거운 놀이 경험을 가질 수 있도록 함께 놀면서 놀이 기술도 조언해 주었다.
- 아울러 상담가는 소미와 접촉 시간이 가장 많은 할머니에게 소미 양육의 고충을 지지해 주고 일반적인 이혼 가정 자녀들의 심리, 앞으로 면접교섭이 잘 이루어졌을 때와 그렇지 못했을 때의 아이의 성장에 예견되는 상황에 대해 조언해 주었다.
- 상담을 마치고 구체적인 면접교섭 시간을 협의하고 있는데, 갑자기 작은엄마가 "소미 아빠가 이혼하지 않겠다고 하네요."라

고 하였다. 그래서 상담가는 다음 회기에는 소미 아빠, 소미 엄마, 소미를 중심으로 상담 시간을 구성할 테니 소미 아빠를 반드시 상담에 참석시키라고 부탁하였다.

자녀 상담 과정에서 상담 중기에 다루어야 할 가장 중요한 사항은 부양육 부모와 자녀와의 면접교섭 훈련이다. 주 양육자를 아직 협의하지 못한 상황이라고 하더라도 면접교섭 훈련은 상담 과정에서 반드시 이루어져야 한다. 면접교섭 훈련 과정에서 자녀에 관한 여러 정보를 파악한 상담가의 조언을 바탕으로 주 양육자 협의가 이루어지기 때문이다. 면접교섭 훈련은 자녀의 연령, 현재 부모의 상황(근무 시간, 거주지)을 고려해야 한다. 면접교섭 훈련 과정에서는 장소, 시간, 자녀를 데리고 갈 사람, 자녀를 데리고 올 사람, 면접교섭에 참여할 가족의 범위를 스스로 협의하게 한다. 만나는 시간은 초기에는 짧게 하고 차츰 늘려 가는 것이 좋다. 특히 면접교섭 후 자녀에게 나타날 수 있는 변화된 행동(자녀가 토한다, 설사한다, 잠을 제대로 자지 못한다, 갑자기 자다가 이불에 오줌을 싼다, 부양육 부모를 만나지 않으려 한다 등)에 대해서 미리 부모에게 정보를 제공하고, 이런 일들은 일어날 수 있는 일이며 자녀와 부양육 부모가 하루라도 빨리 만날 수 있도록 하는 것이 자녀의 상처를 줄이는 방법이라고 설명한다. 특히 영유아인 경우에는 면접교섭 시간에 주 양육 부모도 함께 참여해야 하기 때문에 불편해 하기도 한다. 그러나 그것은 이혼 때문에 벌어진 일이며 어차피 겪어야 할 일이다. 부모가 면접교섭 시간에 자신들의 문제로 싸우지 않도록 부부 상담도 해야 하는 것은 당연하다.

(3) 상담종결(6회기~8회기)

6회기 목표	• 이혼 과정 및 이혼 후 부모 역할을 지속하기에 대한 교육 • 오랫동안 만남이 없었던 부양육 부모와 자녀의 면접교섭 훈련: 법원 외부에서 만나는 계획 세우고 실행하기

- 소미 아빠와 소미 엄마, 그리고 소미가 드디어 만났다. 소미 아빠는 연신 입가에 미소를 짓고 있었다. 사실 소미 엄마의 안부가 몹시 궁금하였다고 했다. 소미 아빠는 대화할 때 속도가 느리긴 하였지만 자신의 의견을 단문으로 표현하는 데는 지장이 없었다. 소미는 아빠 무릎 위에 앉았다가, 엄마에게로 가서 손을 이끌며 놀잇감을 가지고 오자고 청하기도 하는 등 매우 흡족한 마음을 마음껏 표현하였다.
- 부모가 이혼했다는 결과보다는 부모의 결혼, 이혼 과정, 이혼 후의 서로 간의 상호작용이 자녀의 성장에 더 큰 영향을 미치는 것과 마찬가지로 부모의 '장애'나 '출신 나라'는 자녀의 심리·행동 문제에 크게 작용하지 않는다. 단지 그것에 대한 주변의 의미 있는 성인들의 대처가 자녀의 인식에 상당 부분 영향을 미친다.
- 상담가는 상담실에서 부부와 현재 서로의 마음과 이혼, 자녀 양육에 대한 이야기를 나누었다. 그리고 부모에게 앞으로의 자녀 양육 상황이 어떻게 되면 좋을지에 대한 조언을 하였다. 현재 소미의 양육 환경이 급작스레 바뀌는 것은 바람직하지 않았다. 무엇보다 오래 헤어져 있었던 엄마와 소미와의 지속적인 정기 만남을 통한 관계 개선이 더 필요한 상황이었다. 다행히도 소미 엄마는 상담가의 조언을 진심으로 받아들였다.
- 소미 아빠는 소미 엄마에 대한 미련이 다소 남아 있었다. 그러나 소미 엄마는 소미 아빠에 대한 감정이 거의 정리된 상태였다. 그래서 상담가는 지금 바로 이혼을 결정하기보다 이제 비

로소 가족 간의 대화의 장이 열리었으니 밖에서 소미와 엄마와의 정기적인 만남 시간(면접교섭)을 갖는 데 반드시 아빠도 참여하라고 조언하였다. 아울러 구체적인 면접교섭 방법에 관하여 가족이 직접 구상해 보라고 제안하였다.

- 그리고 상담가는 그러한 결정 내용들을 소미 할머니와 작은집 가족에게 알렸다. 또한 소미 가족과 함께 소미 엄마가 이주 여성이기 때문에 누릴 수 있는 강점이 무엇이 있는지에 대해 이야기를 나누었다. 소미 엄마의 어눌한 한국어만 탓할 것이 아니라 소미 엄마가 쓰는 베트남어를 소미에게 전수해 주었을 때 소미가 두 나라의 언어를 자유자재로 구사하는 것에 대한 장점 등에 대해서도 이야기를 나누었다.

- **양육자 협의와 관련된 상담가의 조언**
  - 서로 양육을 주장할 경우 시간을 충분히 주며 아이의 심리 상태를 설명하고 면접교섭에 대한 신뢰를 심어 주면 양육에 대한 주장을 굽히기도 한다.
  - 감정적인 문제로 강하게 양육을 주장하기도 한다. 이럴 때는 실제적으로 양육해 볼 수 있는 시간을 주고 양육을 실제적으로 할 수 있는 상황인지 스스로 느끼게 한다. 이때 아이가 다소 혼란스러워할 수 있다. 하지만 이것은 장기적으로 보았을 때 양육 환경이 좋지 않거나 양육 상황이 되지 않는 부모가 아이를 양육함으로써 도중에 아이가 방치되거나 주 양육자가 다시 바뀌는 등의 더 큰 혼란을 막을 수 있는 차선책이다.
  - 부양육 부모와 아이에게 비록 함께 살지 못하더라도 정기적인 만남은 계속된다는 확신을 꼭 심어 주어야 한다.
  - 법원에서 부양육 부모와 자녀를 만나게 하였다가 나중에 만나지 못하게 될 상황이 온다면 자녀에게 더 큰 상처를 주는 것이 아니냐는 질문을 많이 하곤 한다. 그래서 굳이 부양육 부모와 자녀를 만나게 할 필요가 있는지에 대해

회의를 갖기도 하고 면접교섭 훈련에 대해 큰 비중을 두지 않는 경우도 있다. 그러나 만나지 못하게 되는 이유가 부모의 감정적인 문제, 잘못된 상식(자녀가 혼란스러울 것이라는) 등으로 인한 것이라면 상담을 통해 이러한 문제를 해결해 주는 것이 반드시 필요하다. 그리고 부모가 만남을 시도하지 않아 "나는 한쪽 부모로부터 버림받았다."는 감정을 아이들에게 남겨 두지 않는 것이 중요하다.

7회기 목표	• 가족들이 상담 장면에서 게임하기, 모래상자 꾸미기 등의 시간을 보내면서 함께하는 즐거움 경험하기 • 바깥에서 시행해 본 면접교섭 시간에 대한 소감 나누기 • 앞으로의 가족 미래에 대한 계획 세우기

- 먼저 밖에서 가족들이 시간을 함께 보낸 소감을 같이 나누었다. 소미는 연신 즐거운 표정이었고, 소미 아빠와 엄마도 웃음 짓는 시간이 많았다. 소미 아빠, 소미 엄마, 소미가 함께 상담실에서 상담가의 안내를 받아가며 모래상자 꾸미기, 게임 등을 함께하였다. 소미 아빠, 소미 엄마 두 사람 모두 성인임에도 부모로부터 전수받은 부모 역할의 정보가 거의 없는 상태였다. 하지만 그들이 진정으로 소미를 사랑하고 있는 마음이 상담가에게 전달되는 것에 대해 부모에게 되돌려 주며 부모의 역할은 '노력하고 공부해야 하는 것'임을 알려 주었다.

- 상담가는 법원 상담이 끝난 이후 부부간의 속 깊은 대화, 자녀 양육에 대한 부모 역할 교육 등이 지속될 수 있는 시간이 가족에게 더욱 필요함을 느꼈다. 그래서 소미 아빠와 소미 엄마가 거주하고 있는 주변의 상담 센터에 대한 안내도 하였다.

법원 상담을 하다보면 회기, 시간 등의 제약으로 인한 상담가의 한계를 느낄 때가 있다. 또한 상담가 개인의 전문 분야가 부부, 아동, 청소년, 가족 등인 데 반해 가족들에게는 다른 전문가와의 만남이 필요하다고 느껴질 때도 있다. 가족들에게 최적의 만남이 이루어질 수 있도록 정확하게 진단하고 판단 후, 홀가분하게 놓아주는 것, 그것 역시 전문가의 역할이다.

8회기 목표	• 상담실에서의 건강한 이별 경험하기 • 가족의 미래에 대한 계획을 구체적으로 실천하기

- 소미 가족은 상담실에서 상담가가 준비한 작은 케이크에 초를 켜고 "졸업 축하합니다. 졸업 축하합니다. 사랑하는 소미 가족의 상담 졸업 축하합니다."라는 노래를 함께 부르며 초를 끄는 시간을 갖고 케이크를 함께 먹으며 이야기를 나누었다.
- 또한 부부가 함께 부양육 부모인 엄마와 소미가 가장 적절하게 만날 수 있는 장소, 시간 등에 대해 의논하여 결정한 후 직접 시행했던 결과에 대해 이야기하고, 앞으로 가족들이 어떻게 지내면 좋을지에 대한 최종 의견을 나누었다.
- 상담 도중 소미 엄마는 결혼 생활 동안 가장 아쉬웠던 부분이 "결혼하면 일 년에 한 번은 꼭 자신의 고향인 베트남에 방문할 수 있도록 해 준다."는 시가 식구와 남편이 한 약속이 지켜지지 않았을 때였다고 이야기하였다. 소미 아빠는 그 부분을 반드시 지킬 수 있도록 노력하겠다고 하였다. 그렇지만 소미 엄마는 아

직 "믿을 수 없다."고 하였다. 그래서 상담가의 제안으로 부부를 비롯한 소미의 가족들은 일단 이혼 결정을 보류한 후 3~6개월간 집 근처의 상담 센터에서 상담을 받으며 소미와 소미 엄마의 정기적인 만남에 다른 가족들은 참여하지 않고 소미 아빠, 엄마, 소미와의 만남의 시간을 충분히 가지며, 가족들이 서로 속 깊은 이야기를 나누고, 함께하는 시간을 맞이해 보기로 하였다.

4) 상담가 의견

"법원의 촉탁 사항을 만족시켜야 한다.", "다문화가족이다.", "양육하고 있는 아빠는 장애가 있다.", "양육을 지속하기 위해 엄마의 도덕적인 부적절함을 강하게 주장하고 있다.", "상담을 시작해 보니 상담 시간에 참여하는 데 저항이 심해 상담 참여도가 저조하다." 등 상담가를 좌절시키는 여러 요소들이 산재해 있는 상담이었다. 하지만 상담가는 이러한 점을 긍정적인 요소로 전환시킬 수 있는 힘이 필요하다. 다문화가족이 지니고 있는 강점을 발견해 주며, 장애를 가진 부모에 대한 편견 없는 사랑이 자녀에게 공동체에서의 타인을 배려하는 마음을 고취시킬 수 있음에 대한 안내, 상대방을 비난하며 자신의 양육 적합성을 주장할 수밖에 없는 버림받은 마음에 대한 공감, 그만큼 자녀를 양육하지 못하면 어떻게 될까 하는 안타까운 불안감에 대한 명료화를 통해 내담자가 스스로 자신에 대한 통찰력을 신장시킬 수 있는 것들이 그것이다. 이러한 점들을 상담 과정에서 다루게 된다. 그렇다면 그러한 과정을 잘 진행할 수 있도록 하는 상담가의 최선의 태도는 무엇일까를 생각해 보았다. 아마 그것은 '내(상담가)가 어떤 것에 대해 말할 필요가 없다.'고 생각하는 자세일 것이다. 내담 가족이 가지고 있는 모든 것들을 있는 그대로 바라보면서, 상담가가 말하기보다는 가족들에게 그들 자신의 경험을 이야기하도록 기회를 최대한 제공하고 그들이 이야기를 할 때 참여한 다른 사람들에게는 귀 기울여 들어보게 하는 것-얼마나 기뻤는지, 얼마나 슬펐는지, 얼마나 놀랐는지, 얼마나 화났는지, 얼마나 섭섭했는지, 얼마나 그리웠는지 이야기를 하다 보면 개인의 삶에 대한 존경심이 생겨나지 않을 수 없게 된다. 그 과정 속에서 가족들은 자신의 경험이 남과 다르지 않음을, 자신이 그때 그럴 수밖에 없었던 것에 대한 용서를 하게 된다. 그리고 '스스로에 대한 신뢰'를 바탕으로 타인에게 비로소 연결되고자 노력하게 된다. 그리고 그때 가족들이 발견해 내는 '소미에 대한 사랑'의 마음을 상담가는 그저 거울이 되어 비추어 주기만 하면 된다.

그래서 이혼하려는 부모는 법원에서 이루어지는 자녀 상담을 통해 자녀 문제를 협의하고 '현재 우리 아이의 발달 단계에서 우리 부부의 이혼이 어떤 영향을 미치는가?'를 이해하여 이혼 후에도 부모 역할을 다하기 위해 어떻게 해야 하는지 구체적으로 준비하는 시간을 갖도록 해야 한다.

이 시간은 곧 가족을 구성하는 개개인에게 '가족의 일을 스스로 결정했다.'는 생각을 갖게 하여 이혼 후에도 가족 적응력을 높일 수 있는 기반을 만드는 데 아주 큰 도움이 된다.

이러한 가족 환경 내에서 자녀는 자신감을 회복하고 자기 비난을 줄이며 부모의 이혼으로 인한 어두운 터널의 시간을 좀 더 수월하게 지나가게 될 것이다.

법원에서 상담을 하다 보면 고갈등의 가족들과의 만남에서 오는 막중한 스트레스, 짧은 회기에 많은 촉탁 사항들을 해결해야 하는 것에 대한 부담감 등으로 인해 이따금씩 상담가는 '길을 잃어버린' 듯한 느낌을 받을 때가 많다. 그러므로 상담가는 지속적인 수련과 훈련, 개인적으로 성장할 수 있는 경험들에 대해 항상 열려 있어야 한다. 그리고 무엇보다도 스스로에게 "이따금 길을 잃을지라도 괜찮다. 나는 나의 길을 가리라."라는 자기 돌봄이 선행되어야 한다.

3 공동 양육의 문제

자녀의 주 양육자를 이혼소송 중 결정하고자 할 때 부부간에 심한 대립을 하는 경우가 많다. 자녀를 가운데 놓고 부모가 서로 자신이 양육하는 것이 자녀의 미래를 위한 최선의 방법이라고 주장하는 것이다. 양육을 주장하는 부모들은 상대방이 자녀를 양육하면 자녀가 잘 자라지 못할 것이라고 한다.

하지만 반대인 경우도 있다. 부모 모두가 이혼하면 자녀를 키울 수 없다며 양육을 서로에게 떠밀거나 아동 보호시설에 양육을 맡기길 원하는 경우도 있다. 가끔은 부모가 자녀를 법원에 남겨 두고 가버리는 경우도 있어 당황하기도 한다.

서로 양육 다툼이 심하거나 양육을 회피할 경우 자녀의 미래를 최우선으로 생각해 친권자와 주 양육자를 부모 공동으로 지정하여 탄

력적으로 운용하자는 의견이 있다. 부모 중 일방이 아이를 혼자 키우는 것보다는 이혼 후에도 부모가 공동으로 아이의 양육에 관심을 쏟는 것이 아이의 성장과 복리에 비춰 최선이라는 관점에서 제시한다. 그러나 한편에서는 '이혼하면 남이다'는 우리나라의 결혼 문화적 정서를 이유로 이혼 후 부모가 자녀를 공동 양육하는 것에 대해 오히려 자녀들이 혼란스럽다고 하여 반대하기도 한다.

다음의 사례들은 공동 양육 문제에 대한 해결책을 제시한다.

면접교섭만 하다 공동 양육 형태로 협의한 사례

- **이혼 사유**: 초등학교 1학년과 6세인 두 딸을 둔 부부가 재판상 이혼 과정에서 상담을 하게 되었다. 부부는 고아원에서 함께 자랐고 성장하여 누구보다도 서로를 잘 알기 때문에 잘 살 수 있을 것 같아 결혼하기로 하였다. 그러나 남편은 부인이 직장을 다니며 받는 수입은 대부분을 자녀 교육비와 생활비로 쓰게 하고 자신의 수입은 자신을 위해 쓰고 저축하였다. 부인은 차츰 지쳐가 회사 동료로부터 위로받았다. 그러다 회사 동료와 부정행위를 하게 되었다.
- **이혼소송 중 자녀 양육 상황**: 부인은 딸들을 남편에게 맡긴 채 가출하였다. 그러나 남편은 주야간 근무가 매주 번갈아 바뀌는 직장에 다니고 있었기 때문에 야간 근무일 경우 자녀들의 양육이 문제되기 시작하였다. 딸들은 아빠가 야간 근무를 하러 밤에 나가면 인근 놀이터나 학교 운동장에서 늦은 밤까지 배회하기 일쑤였다.

첫째 딸은 엄마가 집을 나간 것이 학교 친구들에게 소문이 나자 동생을 어린이집에 데려다 주고는 자신은 학교에 가지 않았다. 아빠는 첫째 딸이 집에서 혼자 지낸다는 것을 한참 후에야 알게 되었다. 남편은 도움을 받을 수 있는 부모나 가족이 없었기 때문에 회사에 출근하여 자녀에게 급한 일이 생길 경우 이웃의 도움을 받아야 했다.

- 부부와 자녀 심리 상태: 딸들이 엄마를 피하고 학교도 가지 않는 등 부정적인 행동 변화가 지속되자, 남편은 부인에게 다시 집으로 돌아와 재결합할 것을 원하였지만 부인은 남편이 두려워 집에 들어가기 싫다고 하였다. 부인은 자녀들과의 면접교섭도 회사가 늦게 끝난다며 회피하였다. 부인은 자신이 부모로부터 받은 양육 경험이 전혀 없는 데다 우울·무기력하였고, 자녀가 지닌 애착상실에 대한 우울과 분노 감정을 공감하지 못하였다.
- 부모 자녀 애착 관계 증진과 면접교섭 훈련: 부인이 딸들을 만나면서 조금씩 자녀를 향한 마음이 움직였다. 딸들도 엄마를 만나면서 학교도 다니고 웃음을 보여 주었다. 남편은 부인이 다시 가정으로 돌아오지 않을 것이라는 것을 인정하기까지 시간이 걸렸지만 자녀를 위한 엄마의 역할만이라도 해주는 것에 안도하였다. 부부는 양육을 격주로 하면서 일요일에 장을 같이 보고 식사를 하는 것으로 정했다. 남편이 야간 근무일 경우 부인이 자녀를 데리고 자신의 집으로 가 저녁 식사를 함께하고 잠을 재웠다. 그리고 다음날 남편이 퇴근하는 아침 8시에 자녀를 집에 데려다 주고 출근하기로 하였다. 자녀들은 엄마와 아빠로부터 양육을 받고 관계가 편안해지자 점차 안정되어 갔다.
- 양육 협의: 부부는 이혼에 합의하고 남편이 자녀를 주 양육하면서 둘째 자녀가 초등학교 3학년이 되는 시기까지는 남편이 야간 근무일 때 부인이 자녀를 밤에 돌보는 것으로 합의하였다.

양육을 월요일부터 수요일 오전까지는 아빠가, 수요일 오후부터 월요일 아침까지는 엄마가 하는 것처럼 물리적 시간으로 자녀 양육을 공동으로 하기로 협의하기도 한다. 그러나 부부가 자녀를 이 사례처럼 공동 양육하는 것으로 협의하는 것이 쉬운 것은 아니다.

다음 사례처럼 부부가 서로 양육을 주장하여 공동 양육을 해보는 과정에서 자녀가 힘들어 하여 주 양육자를 한쪽 부모로 정하는 경우도 있다.

부모가 공동 양육하다가 한쪽 부모로 양육자를 결정한 사례

- **이혼 사유**: 부부는 5세, 4세 남자 형제를 두고 있다. 부인은 남편이 사업을 하면서 생활비를 잘 주지 않고 시부모와 갈등이 생기자 이혼을 요구하였다. 남편은 부인의 외도를 의심하였고 아이들을 데려오기 위해 처가로 갔다가 양가의 심한 몸싸움이 벌어졌다.
- **이혼소송 중 자녀 양육 상황**: 결국 남편은 강제로 아이들을 데리고 왔고 부인은 집에서 자동차로 네 시간 거리에 있는 지방에서 친정 부모와 지내게 되었다. 부부는 이혼에 동의하였지만 자녀 양육을 서로 주장하며 조금도 양보하지 않았다. 남편은 부인이 자녀를 데리고 갈까 봐 면접교섭을 인정하지 않았다. 그래서 아이들은 어린이집에도 가지 못하고 조부모와 하루 종일 지냈다.
- **부모 자녀 애착 관계 증진과 면접교섭 훈련**: 상담실에서 엄마를 만난 아이들은 엄마 곁에 가지 않았고 할머니만 찾았다. 대소변을 잘 가리던 둘째는 다시 기저귀를 찼고 말도 늦었다. 첫째는 거친 행동을 자주 보였고 동생과 잘 놀지 못하고 싸웠다.

상담 시간에 부부는 아이들의 불안한 심리를 보지 못하고 서로 양육을 주장하면서 상대가 얼마나 자녀를 잘 돌보지 못하는지 비난하는데 많은 시간을 보냈다. 그리고 똑같은 시간 동안 자녀를 양육하도록 조정해 주길 원했다. 부부는 격주로 자녀를 일주일씩 양육하다가 자녀가 힘들어 하자 2주씩 번갈아 양육하겠다고 하였다. 일단 시행하고 아이들의 상황을 봐가며 주 양육자를 협의하기로 하였다. 그런데 아이들이 아빠와 엄마의 집을 오가며 잠자리가 계속 바뀌자 아프기 시작하였다. 첫째 아들은 "엄마가 우리 집에 와서 딱 붙어살면 되잖아." 하며 엄마가 집에 들어와 지내길 원했다. 이에 엄마는 "집에 너희들을 위해 새 침대와 놀잇감으로 방을 꾸며 놓았으니 더 좋지 않니?"라고 하였지만, 엄마의 이런 말에 아들은 "우리 집에 내가 가지고 놀던 장난감이 다 있다."고 하였다. 결국 부부는 엄마가 격주로 집에 와서 주말 동안 1박 2일 지내고 아빠는 이 기간 동안 집을 비워 주기로 하였다. 아이들은 차를 오랜 시간 타거나 익숙하지 않은 침대에서 자면서 생긴 불안과 스트레스로 다투고 짜증을 냈던 모습에서 차츰 안정되어 갔다.

- **면접교섭 협의**: 부부는 이혼에 합의하고 자녀는 남편이 돌보면서, 격주로 주말에만 한 주는 엄마 집으로 가서 지내고 다른 한 주는 엄마가 남편 집 인근에서 지내면서 자녀를 만나기로 하였다.

부부가 이혼을 하면서 주 양육자를 정하는 문제는 자녀 심리와 연령, 부모와의 애착 관계 등을 고려하는 것이 필요하다. 자녀들의 연령이 어릴수록 부모 모두와 애착이 형성된 경우에는 자신이 지냈던 집에서 잠을 자고 지내고 싶어 한다. 누가 양육하느냐보다는 자녀가 어떻게 지내는 것을 더 편안해 하는지가 주 양육자 결정에 더 중요하다. 따라서 주 양육자가 법적으로 부모 공동이냐 단독이냐 하는 것보다는 자녀의 행복이 우선이 되는 부모 양육이 필요하다.

위의 사례에서 볼 수 있듯이 생각해 볼 수 있는 공동 양육 방법에는 법적인 주 양육자를 부부 공동으로 지정하는 방법과 법적인 주 양육자를 부모 중 한 명으로 지정하고, 다른 쪽은 정기적인 면접교섭(정서적 지원)과 양육비 지급(경제적 지원)을 하는 방식으로 양육에 참여하는 방법이 있다.

법적인 주 양육자를 부모 공동으로 지정할 경우 부모가 죄책감을 줄일 수 있어 심리적 안정감을 얻는다는 것과 양육 분쟁의 절충안이 될 수 있다는 것, 양육에 공동으로 협조하면 상승효과가 생길 수 있다는 장점이 있다. 그러나 여기에는 이런 문제도 있다. 부부간의 갈등이 해결되지 않고 심리적인 문제가 여전히 남아 있는 경우에는 양육 주도권 싸움이 일어나거나, 역할이 중복되다 보니 서로 미루어 또 다른 갈등을 유발한다는 것이다. 또한 아이들의 혼란스러움과 스트레스도 문제가 되기도 한다.

결국 법적인 주 양육자를 부모 공동으로 지정하고 공동 양육을 원만히 하기 위해서는 부부간의 심리적인 문제가 해결되어야 하고 역할 분담이 분명해야 하며 자녀도 이에 동의하여야 한다. 또한 부모가 같은 동네에 가까운 곳에 거주하거나 자녀는 집에 그대로 있고 부모가 번갈아 집에 들어와 양육하는 방법으로 자녀가 부모 집을 오가며 지치지 않아야 한다. 그런 상황이 아니라면 법적인 주 양육자는 부모 중 한쪽이 맡고 다른 쪽은 면접교섭을 잘하고 양육비를 잘 지급하는 방식으로 공동 양육하는 것이 더 자녀의 복리에 적합할 것이다.

저자소개

장창국

- 고려대학교 법대 졸
- 제주지방법원 부장판사

강은숙

- 숙명여자대학교 아동복지학과(아동보육과 교육 전공) 박사 수료
- 백록통합상담센터 공동 소장
- 서울가정법원, 수원지방법원, 제주지방법원, 고양지원, 양육비이행관리원
- 가사상담위원/진단전문가/보호소년위탁위원/후견상담위원/자녀양육안내위원

채수진

- 충남대학교 심리학과(응용심리 전공) 석사 수료
- 안산 가족상담연구소 소장
- 안산지원, 안양지원 가사상담위원
- 안산지원 가사전문조정위원

이유경

- 건국대학교 문학(사회복지학 전공) 박사
- 건국대학교 외래교수
- 서울가정법원 조정위원
- 안산지원, 고양지원 가사상담위원

서성민

- 우석대학교 교육학(상담심리 전공) 박사
- 우석대학교 교육대학원 외래교수
- 대한복지상담학회 학회장
- 대전지방법원, 안산지원 가사상담위원

이숙영

- 숙명여자대학교 아동복지학과(아동심리치료 전공) 박사
- 연성대학교 겸임교수
- 이숙영 심리상담센터 소장
- 서울가정법원, 인천지방법원, 대전가정법원, 안산지원 가사상담위원

가사상담 길라잡이 –법원 · 이혼상담의 실제 (2판)

2012년 11월 10일 1판 1쇄 인쇄
2012년 11월 15일 1판 1쇄 발행
2018년 6월 20일 2판 1쇄 발행

지 은 이 장창국 강은숙 채수진 이유경 서성민 이숙영
펴 낸 이 최용구
펴 낸 곳 도서출판 신정

주 소 (04316) 서울시 용산구 원효로 89길 19 (원효로1가)
전 화 02)3211-4782, 0266(영업부), 3211-4783(편집부), 3211-4784(팩스)
이 메 일 shinjeong72@naver.com
홈페이지 www.sjbook.co.kr
등 록 2001년 5월 11일 제13-702호

기획마케팅 최용구 장만동 송대용 최충구
책임편집 석기은 황가연
표 지 SDY

ISBN 978-89-5912-466-4 93590
정가 10,000원